在我长大之

我的
世界说明书

三五锄教育——著
侯志——绘

晨光出版社

在我长大之前

去掌握自己的人生，去感受充沛强烈的幸福。

序

去长大，去感受幸福

在为这套书写序之时，我和许多爸爸妈妈一样，刚刚度过一个焦头烂额的暑假。在餐厅、景区、酒店、博物馆、游泳池……所有亲子家庭聚集的地方，总能听到大人或无奈或哀叹甚至怒气冲冲地问某个"熊孩子"："什么时候你才能管好自己？什么时候你才能长大？"

"管好自己"，对孩子们来说，成了对"长大成人"约定俗成的判断标准。相应地，当孩子主动且坚持地践行了某个习惯，自动自发地完成了某件公共事务，抑或经过坚忍的磨炼取得了某项成就，大人就会欣慰地说："长大了，能做好自己的事了。"

如果说"管好自己"是长大极其重要的评价体系，那它涉及哪些方面的内容，不同年龄的孩子具体又该有哪些行为呈现，却始终没人能说清楚。好几次，我和一些年龄在 6~13 岁的孩子聊起"成人说的'管好自己'指的是什么"，80% 的孩子认为是拥有良好的学习习惯，考取好成绩；75% 的孩子认为是控制好自己的负面情绪，不乱发脾气；55% 的孩子认为是掌握独立生活的技能、协助料理家务……其中一位一年级的小豆包坚持认为，"管好自己"，有且只有一个标准，就是"不打弟弟"。

- 01 -

我和孩子们的爸爸妈妈同样聊过这个话题,发现大人对怎么支持孩子"管好自己,长大成人"的规划也并不清晰。父母们多半基于眼前孩子的成长困境,提出自己的某种展望。比如,有个爸爸指出,自己的孩子太过性急,提出要求无法马上实现就会大发脾气,希望孩子能学会"延迟满足";有些父母期盼着,在当下快速消费的时代,孩子能学着算好财务账,不乱花钱,有"财商";有几个妈妈认为,孩子房间太乱,容易丢东西,希望孩子做好"整理收纳";更多的父母觉得孩子没有具体的目标,遇到困难很容易一蹶不振,希望孩子提高"抗挫力";几乎所有爸妈都忧心忡忡,担心孩子在社交中缺少经验,遇到麻烦……没错,看起来这些都是"长大成人"非常重要且具体的内容,但似乎又不是全部。再讨论下去,爸爸妈妈们也会陷入迷惘:我们期待的孩子的"长大"究竟是什么?我们该怎么和孩子讲述"成长"这个既宏大,又关乎无数一地鸡毛的日子,以及众多事无巨细行为的系统图景呢?

发现了吗?无论大人还是孩子,每个人都需要一份对"长大是什么""怎样做能成长"的具体、系统的行为阐述;一份指向自我接纳、社交、财商、目标管理等方方面面的多元发展百科全书;一套行之有效,供全家人日常翻阅、讨论、实践的"家庭成长清单"。我想,这就是这套书最大的意义。

每每翻阅这套书,我总是惊叹它的"一书多用"。

首先,它是一套关乎长大的"打怪闯关行为清单"。从五六岁的孩子到十三四岁青春期的孩子,都可以在其中找到适合自己的成长条目。

其次,它是一部关于成长的跨学科实用秘籍。从社会学、心理学、劳动技能诸多方面，为孩子阐明了"为什么做"和"怎么做"。

最后，也是非常重要的一点，它是日常亲子沟通的"桥梁宝典"。它使父母对孩子行为的评定，不再陷于"你没管好自己""你到现在还长不大"的质疑与否定中。这套书所呈现的温柔、细腻和积极思维，推动着小读者和家人们携手步入"长大"这一浩大广袤的岁月丛林，主动承担起每个人自我成长的责任，并由此完成每个家庭梦寐以求的"成长超越"。

每个流传久远的故事，都构建在某个英雄最后"长大成人，并获得幸福"的情节之上。我希望，并深深相信，每个阅读过、实践过这套书的孩子都能"长大成人，并获得幸福"，因为经由这套书，你们一定已经意识到，所谓长大与幸福，不是唾手可得，无法仰仗他人；更不是"金钱"、"游戏"、"短视频"或者"成绩"的绝对代替品，绝不是。

真实的长大和幸福，就在你对自己的接纳中，在你对他人的理解与支持里，关乎你在家庭和社会的创建。

行动起来！去长大，去掌握自己的人生，去感受充沛强烈的幸福。

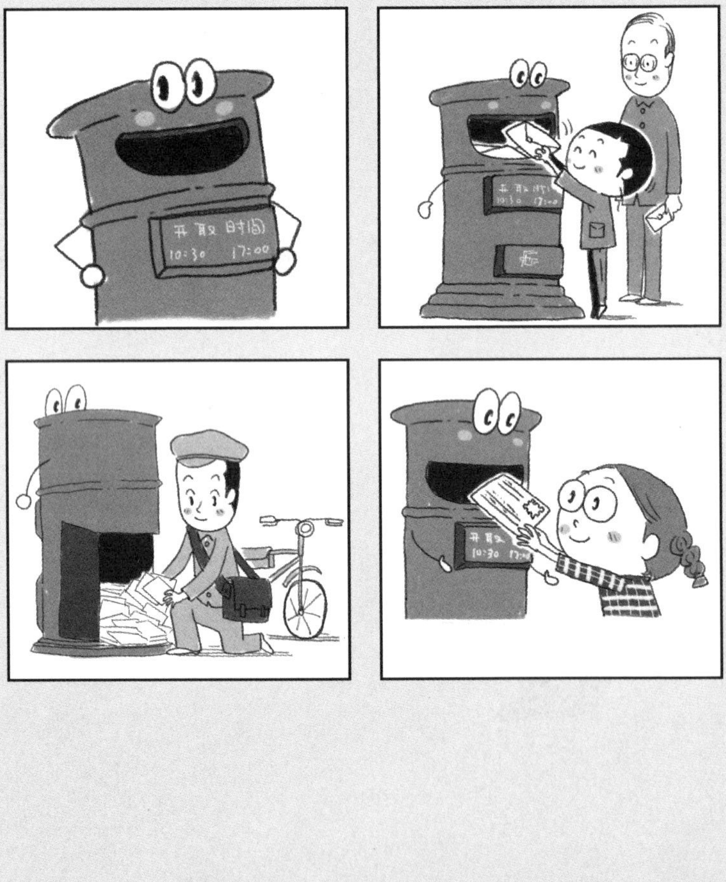
开取时间
10:30 17:00

目录

1. 每个人的体内都有一张专属时间表 / 2
2. 为什么睡觉的时候要关灯？/ 4
3. AED——心脏病的"救命神器" / 6
4. 肚子里的器官如何正常工作？/ 8
5. 牙齿的喜恶 / 10
6. 当心你身边的"听力刺客" / 12
7. 看起来没问题的食物，却可能引起中毒？/ 14
8. 生命的起点 / 16
9. 身体向你发出的"警觉信号" / 18
10. 食品中的添加剂，你能识别吗？/ 20
11. "差不多"心理可取吗？/ 22
12. 说谎了就是坏孩子吗？/ 24
13. 借物还物的规矩 / 26
14. 努力的"力"指的是什么力？/ 28
15. 爱打小报告的同学真的很坏吗？/ 30
16. 没有奖励就什么都不愿意干？/ 32
17. 孤单的正反面 / 34

⑱ 是否可以打破那些常见的规则？/ 36

⑲ 未成年人触犯法律需要负责吗？/ 38

⑳ 孩子，这些是你应享有的权利 / 40

㉑ 长大后，必须得有一份工作吗？/ 42

㉒ 认识新兴职业——酒店试睡员 / 44

㉓ 如果你是小小美食家 / 46

㉔ 如果你是小小保洁员 / 48

㉕ 幕天席地，享受一场心灵放松之旅 / 50

㉖ 我们为什么要逛动物园？/ 52

㉗ 宠物的离世意味着什么？/ 54

㉘ 踏青之前，我们应该知道的事 / 56

㉙ 在野外迷路时的生存秘籍 / 58

㉚ 什么是野外失温？/ 60

㉛ 遇到突发情况想要求助，应该拨打哪个电话？/ 62

㉜ 台风的名字都从哪里来？/ 64

㉝ 水火无情，注意生活中的安全隐患 / 66

㉞ 地震常识知多少？/ 68

㉟ 独自在家的防贼指南 / 70

㊱ 捐赠玩具的意义 / 72
㊲ 红十字会的由来 / 74
㊳ 拒绝一次性塑料制品，减塑生活更美好 / 76
㊴ 人工智能时代的不可思议 / 78
㊵ 机器人会完全替代人类吗？/ 80
㊶ 让打印不只是打印，从平面到立体 / 82
㊷ 电子书能成为纸质书的替身吗？/ 84
㊸ 在网上购物要注意什么？/ 86
㊹ 网购时，警惕网络上的完美图片 / 88
㊺ 坐飞机时要注意什么？/ 90
㊻ 让室内迅速降温的神奇家电 / 92
㊼ 从燃油到电动，带你认识新能源汽车 / 94
㊽ 不可不知的电梯故障应对方法 / 96
㊾ 见缝插针的诈骗陷阱 / 98
㊿ 如何察觉 AI 换脸？/ 100
(51) 搜索信息的最佳途径 / 102

52 无处不在的黄金分割 / 104

53 冬去春来，四季更迭的规律 / 106

54 "城市绿肺"养成记 / 108

55 时差是怎么产生的？/ 110

56 关于端午节，你应该知道的事 / 112

57 大同小异的过年习俗 / 114

58 张灯结彩的元宵节 / 116

59 书信有什么独特的意义？/ 118

60 古人的上学时节 / 120

61 古人怎么消遣？/ 122

62 让蔬菜"延长待机"的小妙招 / 124

63 为什么有的果子结在树上，有的长在地里？/ 126

64 植物也会"运动"吗？/ 128

65 亲人的离世，意味着什么？/ 130

66 国家的硬实力与软实力 / 132

我的世界说明书

1 每个人的体内都有一张专属时间表

身体的节律，是一张看不见的时间表。

地球的自转形成日与夜的交替，人体会随之形成控制昼夜节律的循环机制——生物钟。也就是说，我们的身体也有自己的"想法"，到点就会醒来，到点就会想睡。一旦打破规律，就会造成身体功能的紊乱。

生物钟，简单来说，就是一种内在的时间调控机制，它能控制我们的生理活动按照一定的节律运行。这种节律被称为"昼夜节律"。生物钟的形成，主要由我们大脑中的"下丘脑"区域控制，它能够接收来自外界环境的光线信号，并据此调整我们的生理节律。

虽然大多数人的生物钟都遵循大约24小时一循环的规律，但每个人的具体生物钟却有所不同。有些人是"早晨型"，他们在清晨时分精神饱满；而有些人是"夜晚型"，他们在夜晚时分更为活跃。这种差异部分是由遗传因素决定的，也受到环境因素的影响，但无论哪种，只要遵循自己身体的规律就是合理的作息。

那么，如何养成良好的作息习惯，遵循生物钟呢？尽量保持每天同一时间上床睡觉和起床，并且注意饮食和运动，合理的饮食和适当的运动也有助于调整生物钟，保持身体健康。

晚上10点啦！
生物钟
该睡觉了！
12点再睡咯！
生物钟
该吃饭啦！
生物钟
哇！
生物钟
烦死了，再看一会儿！
呀！紊乱啦！
咔
咔
生物钟
咔！
咔
呕

2 为什么睡觉的时候要关灯？

灯光会破坏体能修复的节律。

每天晚上，妈妈总会在睡觉之前帮你关灯，而你也好像只有在这个动作之后才能安稳入睡。可你是否思考过，关灯这个简单的动作背后到底隐藏着什么原理呢？为什么不能开着灯睡觉呢？

夜晚，我们的身体需要在一种宁静的状态下休息，这样第二天我们才能恢复体能。如果一直开着灯，在灯光照射的环境下，身体难以区分白天、黑夜，也就无法进入宁静状态。关灯就像是为我们所处的环境按下了"静音键"。

由于大脑中的松果体会分泌一种关键物质——褪黑素，它是控制人体昼夜节律的"灵魂人物"。这种激素具有强大的神经调节能力，会产生造成细胞损伤的自由基等物质。只有在黑暗的环境中，褪黑素才会增加分泌，让我们产生困意。直到早晨光照开始，褪黑素水平下降，我们便会逐渐清醒。

如果开着灯睡觉，褪黑素的正常分泌受到影响，就可能导致我们翻来覆去睡不着，使睡眠质量大打折扣。另外，夜间过度的光照还会影响身体的细胞调节和代谢能力。

所以，为了让我们的身体能够得到充分的休息和恢复，记得关灯睡觉，营造适合睡眠的黑暗环境，守护安心的睡眠。

咦，你怎么好像没睡好觉？
呼
昨天和爸妈去农家乐玩了。
我呢，晚上有一点亮光就睡不着觉。
那你没拉窗帘和关上灯吗？
哎！
都关了。后来我才知道，那里的特色就是随处都能看到……
萤火虫……
真可怜啊！
以后记得戴眼罩吧！

3 AED——心脏病的"救命神器"

具备了使用 AED 的知识，遇到突发情况就能沉着应对。

在地铁上，你会看到一个标有大大的"AED"标识的红色匣子安静地放置在角落。这是一台能抢救突发心脏病患者的"救命神器"——自动体外除颤仪。当有人突然倒地不起时，使用它可将生命垂危的病人从生死线上挽救回来。

尤其是发现有人突然倒地，失去意识且没有呼吸或脉搏时，使用 AED 是一种关键的救命措施。当然，并不提倡孩子自主使用这台仪器，但如果能学会使用这个"流动的救护站"，就可以帮助突发心脏病患者在黄金急救 4 分钟内得到救治。因此，为了不错过最佳救助时间，我们也应接受一些应急知识的普及或培训。

如果遇到紧急情况，应立即请旁人拨打急救电话（如 120）并寻求大人帮助。同时，需要有人利用这台仪器对患者进行急救操作。使用 AED 的具体步骤是：打开 AED 的电源，按照 AED 的语音提示和屏幕显示的指示操作，将两个电极片分别贴在患者的右上胸和左下胸。AED 在分析病人心律时，确保无人接触病人，以免干扰分析结果。如果 AED 指示需要心脏除颤，就按下除颤按钮。

除颤后，仍要进行胸外按压或人工呼吸，直到病人恢复意识或急救人员到达。

哇！
未来机器战士好帅啊！
我爷爷就安装了机器人心脏，现在精神、力气都比以前大了！
爷爷好酷啊……
好羡慕啊……
爷爷是心脏出了问题才装的，那叫“心脏起搏器”。
没什么好羡慕的。
呃……
原来是这样……
唉……

4 肚子里的器官如何正常工作？

身体就像一台精密的仪器，无声而精确地运行着。

我们的身体就像一台精密的机器，在大脑的带领和免疫系统的保护下，各个系统协同合作，才有了生命的活力。而维持这台仪器正常运转的燃料，是我们吃进肚子里的食物。

食物被吃进肚后，会先进入胃中。胃在腹腔的左上方，长得像个口袋，通过分泌胃酸和蠕动两种模式来分解食物，经过胃分解后的食物依次进入小肠、大肠，让它们吸收食物中的营养物质。然后，这些物质通过血液被运送到肝脏。肝在胃的上方，是人体最大的内脏器官，它负责将这些物质进一步代谢和处理，它会清除体内的毒素，调节血液中的糖分和脂肪，制造胆汁帮助消化。我们常说"肝胆相照"，是因为胆囊紧挨着肝。尽管"胆小鬼"常被用来形容不勇敢的人，但胆并不会产生勇气，那它负责什么呢？胆的职责是储存能分解脂肪的胆汁。

我们不得不提到心脏，它从生命之初就不停地跳动。心脏连通腹部的各个脏器，将全身的血液输送至身体各处，是身体最重要的器官。

这些看不见的器官，虽然不为人所见，却在体内默默地工作，维持着我们的生命活动。我们应规律作息，健康饮食，爱护身体，让它更好地为我们的生命服务。

脑筋急转弯擂台赛
风会带走哪个身体器官？
是耳朵，因为招风耳！
错，是胆。因为闻风丧胆！
咚
该我了，哪个身体器官和大海相通？
胃，吐的时候翻江倒海。
呕~
错，是心。因为心血来潮！
我会回来的！
哇

5 牙齿的喜恶

牙齿也喜欢你多吃蔬菜。

我们每天享受各种美食,都离不开牙齿的咀嚼、切割、磨碎等一系列工序。牙齿是我们口腔内至关重要的一部分,而我们的饮食习惯也直接影响着牙齿的健康与美观。

看到糖果、蛋糕、饮料这些甜食,你是不是会两眼放光?然而,尽管你很喜欢,牙齿却最害怕甜食。甜食里含有大量的糖分,容易被口腔细菌分解并发酵,生成酸性物质,从而侵蚀牙釉质,导致龋齿和其他牙周疾病。同时,牙齿也不喜欢咬核桃壳、螃蟹壳等过于坚硬的东西,和这样的食物"硬碰硬"可能使牙釉质产生裂痕,甚至引起牙齿松动或牙冠碎裂。

不过可以放心的是,牙齿也有很多喜欢的食物,比如黄瓜、胡萝卜、苹果等高纤维的蔬菜和水果,在咀嚼的同时可以利用其中的纤维清洁牙齿上的牙菌斑。洋葱中有一些化合物能直接抑制某些导致蛀牙和牙龈疾病的细菌繁殖,苹果中的果胶同样有抑菌作用。牙齿还喜欢富含钙和维生素的牛奶,喜欢35℃左右的温水。不过,即使是健康的食物,吃完以后,也要记得清洁口腔。

总之,保护我们的牙齿,要从少吃糖做起,保持口腔清洁,坚持科学刷牙,学会留心牙齿的"喜恶"。

嚼……
嚼……
咔……
咔……
咔
咔
大哥，
今天这肉干好硬啊。
我浑身黏糊糊的，
好难受啊！
你们帮我看看，
我身上的黑点
是不是又变多了？
主人昨晚没有刷牙，
早上还喝了可乐！
咔
咔
坏了，
我感觉自己好像
快要被挤出去了。
晃
日
光
哎呀！！
疼疼疼！

6 当心你身边的"听力刺客"

听见，是一件很美好的事情。

耳朵不像嘴巴，不想吃可以关闭；也不像鼻子，闻到臭味可以憋气。不管外面多么吵闹，耳朵都只能默默承受。

耳朵是十分重要的感官之一，它可以接收声音，让我们听到喜欢的音乐、密友的悄悄话、大自然的鸟叫虫鸣等各种各样的声音。不过，耳朵是很脆弱的，很多我们日常不在意的小习惯都有可能在不知不觉中伤害到它。

耳机，就是生活中最常见的"听力刺客"。长期佩戴耳机可能导致耳道内细菌增长，诱发外耳道炎症；还会破坏内耳前庭功能，使人出现眩晕、恶心等症状。此外，还有一些隐秘的"听力刺客"同样在伤害耳朵，如长时间单侧接听电话，可能造成单侧听力损伤；持续的噪声可损害听力；乱掏耳朵会造成炎症感染；洗澡时耳朵进水，严重时可导致中耳炎……

那么，如何对抗这些"听力刺客"呢？首先，在听音乐时，使用60-60原则，即音量不超过最大音量的60%，听的时间不超过60分钟。其次，避免长时间置身在噪声环境中，或借助耳塞、耳机等防护工具来降低噪声的影响。最后，定期进行听力检查也是非常必要的，这有助于我们及时发现听力损伤并给予有针对性的治疗。

13

7 看起来没问题的食物，却可能引起中毒？

美食虽好，但入口需谨慎。

面对各种令人垂涎欲滴的美食，我们的肚子里仿佛有条馋虫在爬，实在很难抵挡诱惑。可你知道吗？有些看起来没问题的食物却可能潜藏着巨大的危害。

首先，野生植物自不必多说，以尽人皆知的野蘑菇为例，就连经过千锤百炼、有"菇勇者"之称的云南人，每年都会有人因误食毒菌住院，可见野生植物的品类之多、迷惑性之强，绝不可轻易食用。还有一些天然食物本身就携带毒素。例如，苦杏仁中的氰化物，过量食用可导致中毒。

或许有人会问，如果不吃野生植物或者带毒素的食物，是不是就没危险了呢？也不尽然。生活中很多看起来没问题的食物同样潜藏着危险。从源头上说，食用病死的禽畜肉、发芽的土豆会导致中毒；从加工方式说，食用未经浸泡的鲜黄花菜、没炒熟的扁豆也可能引起中毒。

在日常生活中，我们要提高警惕，选择新鲜、干净的食物，避免食用过期或来源可疑的食品。一旦发生食物中毒的情况，我们首先要保持冷静，停止进食可疑食物，大量饮水补充流失的水分。食物中毒多伴有呕吐、腹泻的症状，可用手指直接刺激咽喉进行催吐，同时要及时就医，寻求专业医生的帮助。

哇！好多蘑菇，看起来都是可以食用的！
不要碰！长得那么好看的蘑菇肯定有剧毒！
救命之恩不言谢，以后要小心哟！
我只是想丢个垃圾……
垃圾筒

8 生命的起点

你的一切喜乐都和爱你的人紧密相连。

想必我们每个人都问过父母:"我从哪里来?"今天,我们就来揭晓这个问题的答案。

爸爸的精子与妈妈的卵子以几亿分之一的概率相遇并结合,形成了独一无二的胚胎——就如一粒小小的种子,那就是你在妈妈腹中最初的模样。你会在妈妈腹中待大约 40 周的时间,通过一根长长的脐带从妈妈身体中汲取营养,经过畸形、先天疾病、流产等关卡层层筛选,从豌豆粒大小长成西瓜般大的胎儿。待到瓜熟蒂落的那一天,妈妈开始感觉肚子一阵阵地疼痛,那就是你在催促妈妈:快点吧,我已经迫不及待要看看这世界啦!

那可真是忙碌的一天呀!妈妈躺在产房,以非凡的勇气忍受着长达十几个小时的剧烈疼痛和未知风险——据说分娩的痛感相当于 20 根肋骨同时折断;爸爸东奔西走,办理手续,聆听医嘱;连年迈的爷爷奶奶、姥姥姥爷也在焦急万分地等待着。伴随着"哇"的一声啼哭,你来到了这人世间。

当助产医生将妈妈和小小的你一起推出产房时,全家人都露出了欢欣的笑容。这就是你生命的起点,从此以后,你的一切喜乐都和这些爱你的人紧密相连。

对这个世界
说的
第一句话
出生的那天，你刚睁开眼睛，一个崭新的世界扑面而来，如果可以说一句话，你会说什么？
第一句话
哇
哇
哇，好冷呀！
刚才是谁打我？
对这个
哈哈哈
说
哈哈哈……
哈哈哈……
妈妈，我以后或许会有点淘气，但我会很爱很爱你。
界
啪
说
第一
哇
啪

9 身体向你发出的"警觉信号"

千万不要忽视身体的各项信号。

我们的身体时常会出现发烧、咳嗽、呕吐等症状，令人倍感不适，它们是身体向我们发出的"信号"，具有重要的提示意义。

"阿嚏……阿嚏……"一听到谁连着打喷嚏，你一定会以为他着凉了，其实这或许是鼻腔在提醒他："不好啦，这里有我受不了的粉末或者气味，快离开！"发烧，是免疫系统向细菌、病毒等病原体发起总攻前吹响的号角。感冒之后不停咳嗽，可能是免疫系统与病毒对抗之后，身体试图要清除呼吸道中的病原体。

呕吐和腹泻通常是消化系统出现问题的表现。它们可能是食物中毒、胃肠炎或消化系统发生其他异常的迹象。如果呕吐和腹泻持续不止，可能会导致脱水和电解质失衡，需要及时补充水分和营养。

头疼、头晕有可能是睡眠不足、贫血、低血糖等触发的警报，但也可能是由神经系统损伤或更大的问题引起的。大脑是人体的"司令部"，如果有持续性的不适症状，一定要尽早就医。

如果你感到疼痛，说明你身体某处发生了损伤或炎症，疼痛是身体向你发出的最直接的信号，一旦出现要引起注意，立即给家长查看并确定是否需要就医。

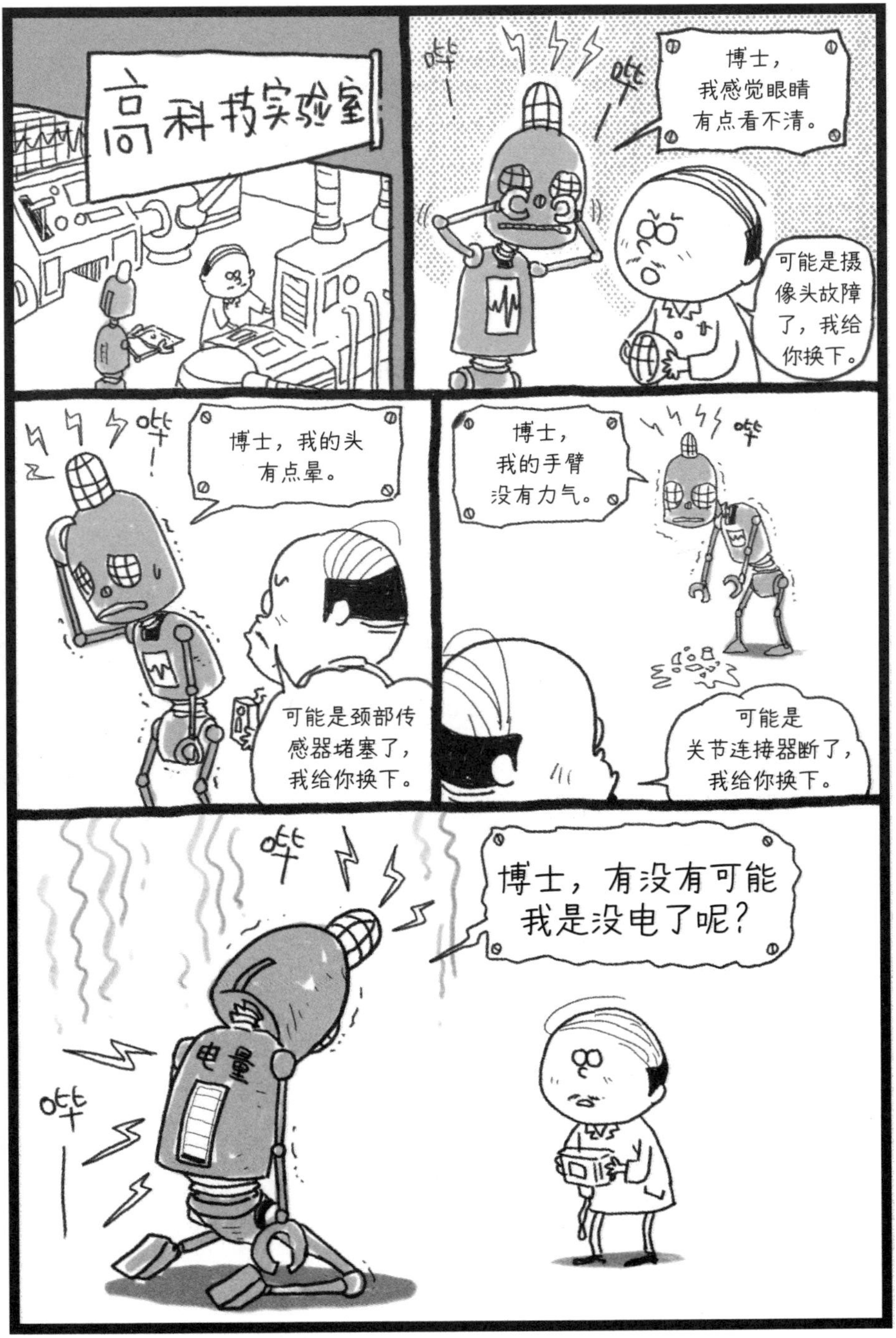
高科技实验室
哔
哔
博士，我感觉眼睛有点看不清。
可能是摄像头故障了，我给你换下。
哔
博士，我的头有点晕。
可能是颈部传感器堵塞了，我给你换下。
博士，我的手臂没有力气。
哔
可能是关节连接器断了，我给你换下。
哔
博士，有没有可能我是没电了呢？
电量
哔

10 食品中的添加剂，你能识别吗？

食品添加剂，让人欢喜，让人忧。

从超市的货架上拿起一包薯片，你会在包装袋背后的配料表里看到好多看不懂的名称。这些看不懂的成分都代表着什么，有什么作用，对人体是否有害呢？

配料表中，除了基本的原材料，很多食品都含有添加剂。常见的食品添加剂有防腐剂、着色剂、甜味剂等。防腐剂的主要作用是防止或延缓食物腐败，会添加在各种碳酸饮料、果酱和果汁中，如苯甲酸钠、山梨酸钾、焦亚硫酸钠等。着色剂和甜味剂可以改善食物的颜色以及口感，相当于为食物"美容"。孩子们爱吃的各种零食如糖果、冰激凌、薯条等诱人的小食品中都有添加。

现代人生活节奏加快，有时不得不食用一些方便的加工食品。这类食品想要外观让人有食欲，储存时间长，就得通过加入食品添加剂来实现。比如加入膨松剂才能将面包烤得松软。巧克力、冰激凌不加乳化剂，口感就不佳，而且形状难以稳定。可见，添加剂不是完全一无是处。只要在合法、安全的范围内添加，我们就不必谈添加剂色变。

食品添加剂不是一无是处，关键在于我们如何正确使用它们，只要学会识别，理性选择，我们就能在享受美食的同时，保护好自己的健康。

来。

快点吃吧!

这么鲜艳的红色、绿色、紫色,您加了多少添加剂呀?

少废话,什么添加剂,多给我吃蔬菜!

红的是西红柿,绿的是青椒,紫的是茄子。

11 "差不多"心理可取吗?

"差不多"最终会变成"差很多"。

"差不多"是我们常挂在嘴边的一句话。你可曾思考过,这种"差不多"心理真的可取吗?

"陕西"和"山西"只一字之差,却是两个完全不同的省份;"千"字比"十"字只多一小撇,数量上却相差百倍。医生给病人看病、诊断时,或科学家做实验、记录数据时,可以回答"差不多"吗?

"差不多"心理其实是一种侥幸心理,背后是懒惰的思想在作祟。一旦懒惰的惯性养成,将会造成诸多消极影响。我们如果用得过且过的心态对待学习,就很难取得突破性的成绩。因为知道不等于做到,任何知识和技能的掌握都需要通过大量正确且严谨的练习。如果把"差不多就行"当成习惯性说辞,反复多次的"差不多"就会逐渐积累成"差很多",因为"差不多"的本质是"差一点",而当"差一点"积少成多时,结果就会离精确越来越远,也会愈发不会得到好结果。

要想改变这种"差不多"心理,在完成具体的任务时,我们需要设定细致的目标,并严格按照每日制订的计划去执行。另外,试着用"细节决定成败"来鞭策自己做事注重细节,以提升对自我的要求吧。

23

12 说谎了就是坏孩子吗？

可以说"善"的谎言，而不说"恶"的谎言。

从小到大，我们一直被教育不能说谎。然而，总有些时候谎言会忍不住脱口而出，这时你不禁怀疑，难道说谎了就是坏孩子？

想要回答这个问题，我们首先要区分谎言的类型。儿童心理学家皮亚杰提出儿童道德发展阶段理论，指明幼儿在道德发展初期容易混淆自我与他人的界限，常把想象当成现实。比如，我们会幻想自己是超人，明明没吃饭却说自己吃了……这类"谎言"无关道德，反映的是儿童完善世界认知的过程。

另一种谎言中隐藏着善意的情感需求，如装病想让父母多陪陪自己，收到不喜欢的礼物却假装表现得很欣喜……这类谎言的初心通常是好的，只是要注意"度"的把握。

有一种谎言需要警惕，就是犯错后为避免受罚而下意识说的谎。通常我们这样做是怕老师失望，怕父母发脾气，怕朋友不再喜欢自己，但其实犯错并不可怕，可怕的是我们习惯用说谎去逃避责任，导致丧失坦诚面对错误的勇气。久而久之，当我们把习惯当自然，就会不知不觉地变成"坏孩子"，这才是最坏的结果。

所以，孩子们，那些出发点带有善意的谎言，不是一句都不能说；而那些会带来不好后果的谎言，一句都不要说。

起床
吃早餐喽！
我吃完啦，妈妈！
嗖
沙沙
汪汪……
来，吃
早餐了！
你敢骗我？
嗯……
吓！
不吃早餐对身体
可不好呀！
我错了妈妈，
可是它
太可怜了。
嗯……
你大姨正好想养只小狗，
它还挺可爱的呢。
真的吗？
谢谢妈妈！
汪汪！
哈哈！

13 借物还物的规矩

借的是东西,还的是信用。

你看到一个同学手里拿了一本新书,很想借过来看一看,可是该怎么开口跟他说呢?他会不会不同意呢?

其实,借东西不难。只要你按时归还,还能"完璧归赵",就会累积你的信用值,再借东西就很简单啦。这就是俗语"借人物,及时还,后有急,借不难"所说的意思。那么,具体该怎么做呢?

首先,开口时要用"能不能"等带有征求语气的词语开头,以表达自己的友好态度。其次,不要忘了加上一个期限。就像去图书馆借书,只有按规定的日期还书,你才能获得再次借阅新书的权利。人与人之间也是这样,当你跟别人借东西时,最好也附上一句"两天之后就还"或者"放学之后就还你"这样的时间限定,让借给你东西的朋友了解你的使用时长。借到东西后,请像爱护自己的物品一样爱护朋友的物品。不要觉得东西不是自己的就随意丢弃,不加珍视。只有将物品原样归还给物主,对方才会在下次还愿意借给你。

当然,愿意与人共享一件物品是一种慷慨,而非必要的义务,所以当你借东西时被别人拒绝了也没关系,因为每个人都有自由支配自己物品的权利。

尺子能借我用下吗？
上次你借走的那把尺子呢？
嘿嘿
尺子能借……
还有我的铅笔。
我借你的橡皮呢？
我的雨伞、复读机和那套“在我长大之前”的书你都没还！
嘀嘀——
信用
我会记得还的！

14 努力的"力"指的是什么力?

努力就是对抗舒适,去做那些"费力"的事。

背了两天单词就坚持不下去了,假期定好的跑步计划因为种种事情半途而废了……面对这样虎头蛇尾、一遇到困难总是先想着放弃的你,老师和妈妈依旧会说:"你要再努努力。"但努力到底是怎么一回事呢?

在讨论努力是什么之前,先来想想什么事不需要努力吧。你瘫坐在沙发上,任由精神随意游走,这种既不用动脑也毫不费力的事完全不需要努力,因为这符合人的本性。我们完全不用调动意志去对抗身体的本能意愿,这是让人觉得愉悦的舒适状态。然而,这种舒适不会带来成绩的提升,也不会换来能力的加持。所以,将本能带来的愉悦感放到一边,去做一些"费力"的事,这就是"努力"。

努力就是当你不知如何去做,想停下来时,让你继续向前的念头;努力就是当你觉得已经没有办法了,却依旧愿意再换个角度多想几个办法的尝试;努力是为了做成一件事而不厌其烦地解决各种障碍和困难的意志力。

努力就是去想各种办法,借助身边各种力量,寻求合作或帮助。努力之后,即使失败了也无怨无悔,因为你排除了一个走向成功路上的"错误选项"。

大家回去
每天抽空
练习 30 分钟，
我们下周见。
好的！
做完作业喽！
先玩一会儿
再说……
呼……
集中练习
两个小时
哼……
每天先用
30 分钟练习
然后坐下写作业

15 爱打小报告的同学真的很坏吗？

请不要敌视无处不在的班级"侦察兵"。

有一本漫画实在是太好看了，你忍不住带到学校，本想在课间休息时继续看，结果，这件事居然被老师知道了。你心想，一定是被某个同学打了小报告，必须揪出这个多管闲事的"告密者"。

其实，爱打小报告的同学中不乏一些想要获得老师更多关注的人。还有一些同学打小报告是出于他们相对简单的"是非观"：在他们看来，站在学校的规则一边、站在老师一边，就是正确的；而违背学校规则的行为，就是绝对错误的。因此，他们甚至会认为打小报告是班级的"规则维护者"，并因此感到自豪和光荣。

这些像侦察兵一样打小报告的人，其实能在一定程度上帮助班级维持秩序，在别人心中形成一种小小的约束。不管怎样，要从多方面看待这个问题，如果你发现真的是被某个同学告状了，可以试着跟他当面沟通，表明自己不是像他想的那样不守纪律，然后再向老师表明自己并没有在课上看漫画，也不会影响到其他同学，相信老师也一定会理解的。

学校是专心上课和学习的场所，要想不被"告密"，要从自身做起。做人做事坦坦荡荡，就不会授人以柄。

咔……
哈哈……
嘿——
薯片
放学后
学校禁止带零食来，你不知道吗？
肯定有人跟老师打小报告了！会是谁？
嘿——
硬盘已满，请及时清理！
嘀……
“告密者”原来是摄像头啊！

16 没有奖励就什么都不愿意干？

与其追求奖励，不如追求真正的目标。

爸爸说，练琴满一小时，你就可以得到一次吃零食的机会。妈妈说，考试得满分，你就可以得到一个心仪的盲盒。你会为了得到父母许诺的这些奖励而完成一件事吗？

奖励听起来真的很诱人，不过前提是你必须达成父母制定的目标。短期来看，这些奖励一定会让你奋力完成目标。可长期呢？研究表明，长期使用刺激策略不仅是无用的，甚至会起到反作用。这种心理被称为"外部动机依赖"，就是说一个人缺乏内在动机和自驱力，只在有外部奖励或激励时才愿意付出努力。长期依赖外部奖励可能会导致你无法培养自律习惯和产生内在成就感。

当努力的目标不再是获得更多知识，而是奖励时，你的动机就出现了偏差，成绩也自然不会一直很好。如果某天你不再满足于父母给你的小小奖励，你就会为了追求越来越大的奖励而迷失自我，后果不堪设想。

所以，别再等着爸爸妈妈给你奖励才行动，功利性地对待学习并不能让你真正地体会学习过程中探索的乐趣。不要因为有奖励才去探索，而是要从真正的"自己想要做的事"出发，来寻找自己的内在驱动力。

我再练会儿球！
你们先吃，不用等我！
你说这孩子。
平时那么爱讲条件，但自己的爱好就会不要任何奖励去付出呢。
虽然是不要什么奖励，但赔偿倒是不少……
呃……
他踢翻了我的摩托！
嘿嘿
你们看看我的眼镜！
我的花盆被踢碎了……

17 孤单的正反面

一面向外寻找,一面向内探寻。

"我好孤单,在学校里和同学玩不到一块儿,教室里、操场上总是我一个人行动……孤独、寂寞、无所适从……这样的感觉真不好受。"

不要难过,其实孤单并不一定是坏事。19世纪,伟大的思想家、哲学家亨利·梭罗,为了寻求"孤独感",他寄身于湖边的森林,自己砍树,盖起了一幢小木屋。他独自在这里生活了两年,写下著名的《瓦尔登湖》。为什么梭罗不害怕孤独呢?原来,孤独还有另一面——自我感。梭罗内心想的是:"我是一个独立的个体,有自己独特的感受和体验。"他放弃了无意义的社交,无惧外界眼光,专注在自己的精神世界,感受着内心的满足与宁静。

孤单的一面是独自向内探寻精神世界,另一面是渴望外界的理解与认同。在人群中独处也没什么不好,你可以回想和温习老师讲过的内容,可以沉浸在自己的创意世界里,也可以深入地思考。你不需要时时刻刻去追寻他人的关注,又或是为了迎合别人而被动交流。

所以,当孤单来临时,不必陷入悲伤的情绪里,我们应该想想如何与它相处,让它丰盈我们的生命体验。

难得一个人这么悠闲啊！
安静的教学楼……
空荡荡的操场，绿草的芬芳。
湛蓝的天空……
这一切真的太惬意了……
老师
让你在门口罚站，你还挺悠闲的呀！
……

18 是否可以打破那些常见的规则？

正视规则，才能行止有度。

"四时有序，万物有时"，无论是自然界还是人类社会，都存在着我们必须遵守的规则。规则就像指南针，帮助我们找到正确的生活方向，促进社会的良性运转。

仔细观察，你会发现我们身边处处有规则。有些规则可以保障我们的安全。例如，交通规则告诉我们"红灯停，绿灯行"，过马路时就不会有危险。有些规则能培养我们的责任感。例如，乘坐公交车时主动给老弱病残孕等有需要的乘客让座；在图书馆中保持安静，不影响他人阅读。学会为自己的行为负责之后，我们就会逐步走向独立和成熟。

遵守规则固然重要，但规则是否永远都不能被打破呢？过马路时，我们会看到路上行驶的车辆遇到正在执行任务的消防车、救护车会靠边让行；在医院，排队就诊也是基本的规则，但医院会优先收治病情更急迫的患者……

因此，规则并不是一成不变的，规则的本质是为了防止混乱和冲突，保障人们的权利。打破规则应有明确的理由和目标。对某些规则感到不合理时，我们可以辩证地思考，提出自己的见解，和大人们一起讨论，找到更好的解决方案。

医院
妈妈，大家为什么要排队呢？
这是社会的基本规则，大家都要遵守哟！
原来是这样啊！那我也要好好地排队！
您不用排队，请来这边。
谢谢！
那个奶奶为什么不用排队呢？
病情比较严重或者年纪比较大的患者不需要排队。
护士姐姐，我妈妈说我的拖延症超严重，我是不是可以不用排队……
乖乖排队去！
咚！
哈哈

19 未成年人触犯法律需要负责吗？

遵纪守法是守住人性的底线。

1993年，美国12岁男孩在纽约州杀害了一名4岁男孩，被判处9年监禁；2016年，德国12岁男孩险些被同班同学殴打致死，但这些孩子最终被判处无罪；2024年，日本19岁少年（按案发时日本的法律，19岁仍为未成年人）因"贾府杀人放火事件"被判处死刑……

从这些事例中能看出，不同国家对于未成年人犯罪的处理方式和刑事责任年龄划定是有差异的，具体都有哪些差异呢？

不同国家对于法定责任年龄的设置有着不同的策略：如德国、意大利等国认为人性本善，是典型的"儿童友好型"国家，对孩童犯罪的容忍度较大。未满14周岁的未成年人无论犯下任何罪行都不需要负法律责任。而美国、英国是典型的普通法系国家，他们认为任何年龄的人只要犯罪都应负刑事责任。

对于未成年人的犯罪行为，我国有专门的《中华人民共和国未成年人保护法》。但这部保护未成年人的法律并不是未成年犯罪者的"保护伞"，而是旨在通过教育、矫治等方式，帮助他们重新回归社会。

归根结底，法律只是底线，每一个有责任感的人都应对自己有更高的行为要求。

遵纪守法是每个人的底线，未成年人也不例外。

听说是在外面偷了东西……

39

20 孩子，这些是你应享有的权利

孩子的权利神圣不容侵犯。

人们总说，孩子是未来的主人，但"小主人"觉得凡事都要听爸妈的，难道孩子真的有属于自己的权利吗？

其实，《中华人民共和国未成年人保护法》中有许多对未成年人权利的规定。比如，父母未经允许翻看你和朋友的聊天记录，你可以义正词严地告诉他们，这侵犯了你的隐私权；学校里，老师让上课讲话的学生站到外面去，学生可以表示拒绝——因为教师不得对学生实施体罚、变相体罚和其他侮辱人格尊严的行为，这同样是你的权利。再有，如美国爆发的铅水管污染事件，造成大量儿童暴露在高浓度铅污染的环境中，这无疑侵犯了当地居民的生命权、健康权。国家还赋予了儿童许多专属福利，你可以免费参观爱国主义教育基地，可以以优惠的票价进入博物馆、科技馆、历史文化景点等公共场所。

除此之外，不少城市正在探索如何让儿童拥有更多权利，积极打造"儿童友好型"环境。如南京市铺设了一条能玩"连连看"和"飞行棋"的趣味上学路，杭州市邀请小学生参与设计儿童专属停车场……这些举措都赋予了儿童作为小公民的社会参与权。

当然，属于未成年人的权利远不止这些。如果你想了解更多，可前往当地未成年人保护工作站咨询。

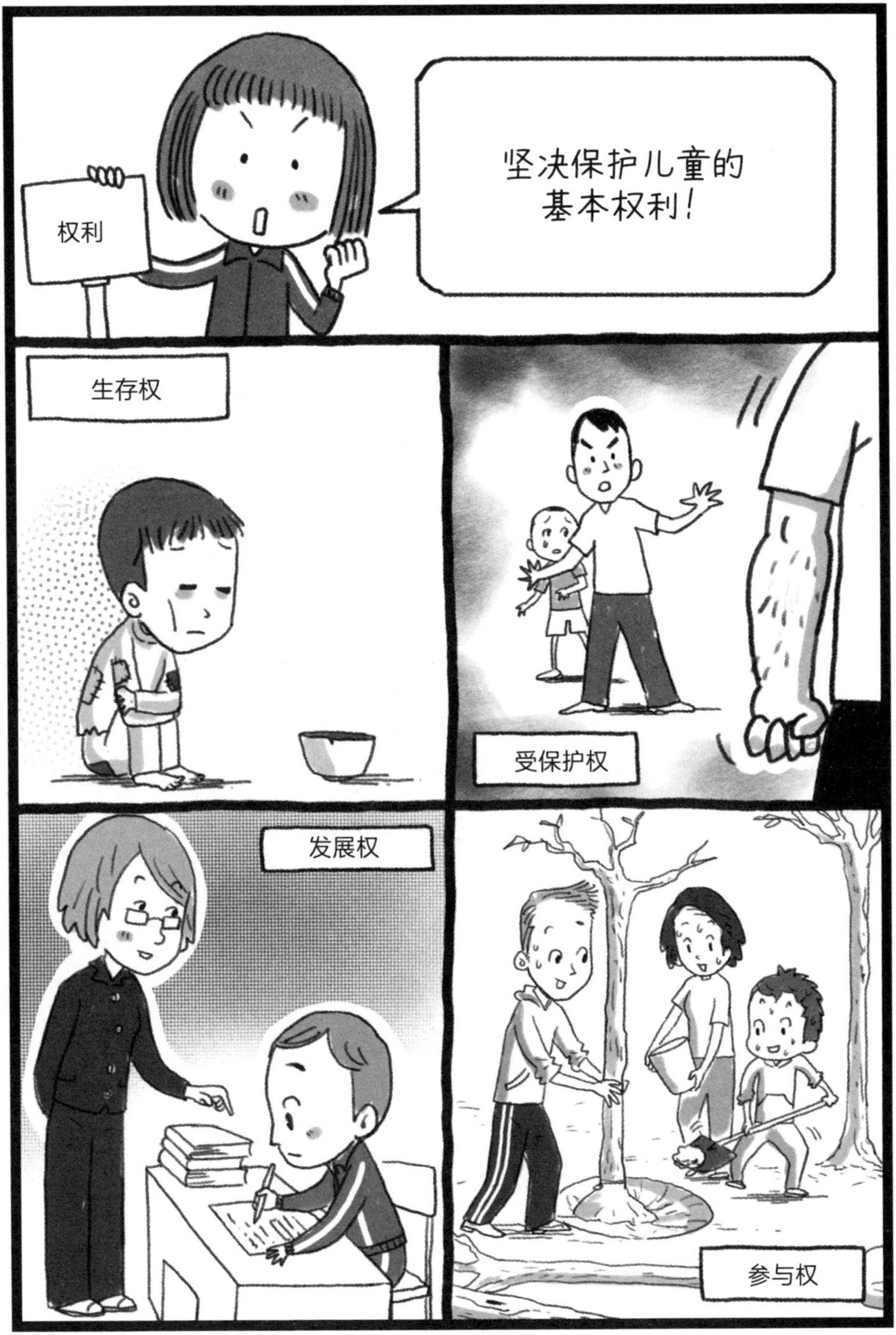
权利
坚决保护儿童的
基本权利！
生存权
受保护权
发展权
参与权

21 长大后，必须得有一份工作吗？

你对未来的态度，决定你是"活着"，还是在"生活"。

小时候，你以为长大工作后就不再有没完没了的考试，可以随心所欲地买喜欢的东西，自由地支配自己的人生。可实际上，长大后的生活果真如此简单美好吗？

试想一下，你长大之后，不再有人负担你的衣食住行，那么毫无疑问，你需要先找到一份工作来养活自己。当然，工作不仅是生活的基石，能为我们提供经济保障，同时还是我们实现自我价值的手段，能让我们在社会中找到自己的位置。

如何找到适合自己的工作，取决于我们对自己及世界的认知。工作种类很多样。如果你认为工作就是循规蹈矩的"朝九晚五"，那就按照这个方式去脚踏实地地创造自己的价值；如果你发现了网络的重要，决心成为自由媒体人，靠同大家分享有用的资讯来获取报酬，这种灵活的方式也未尝不可。当然，社会需求的改变会孕育出更多生活模式，如住进养老社区，靠陪伴老人来减免房租等。这些都是不再局限于大众定义的生存方式……

不论工作的形式如何改变，其关键的核心永不会变——创造价值以收获生存资本。基于兴趣去实现自我价值的工作，能让我们从中收获生存资本的同时获得更多美好的体验。

早上好，叔叔！
上学路上
注意安全哟！
第一天
第二天
第三天
安全
第四天
呃……
他到底是做什么工作
的呢，难道还有每日
体验式的工作吗？
?
夜晚
先看看明天的角色
是什么吧。
剧本
剧本

22 认识新兴职业——酒店试睡员

躺着就能挣钱的工作，也需要很多技能！

世界之大，无奇不有，这不就听说，有酒店在招试睡员。你激动地想，躺着就能挣钱？这简直是梦想中的职业！可一番了解后才发现，这酒店试睡员也不简单呀！

酒店试睡员，也叫酒店点评家，需要对酒店的服务、环境、卫生、价格、餐饮等多方面进行评估，并需在体验后写出报告，供酒店管理人员改善服务或给消费者的选择提供参考。这份工作看似简单有趣，实则要花费大量的时间和精力，还需要具备很多专业知识和技能。

酒店试睡员的工作渗透到住宿、餐饮等方方面面。从进入酒店的那一刻起，办理入住要花多长时间，员工服务态度如何，电梯好不好找，甚至连大堂的气味都要介绍到。入住房间后，床单的干净程度、床垫的舒适程度、一次性用品的配套情况、插座位置及插口数量等都要通过图片或视频的方式记录下来。因此，要想成为一名合格的酒店试睡员，敏锐的观察力与感受力，较强的文字表达能力，以及摄像、摄影、剪辑等技能缺一不可。

看完这些，如果你还觉得有趣，那不妨先在家中模拟一下，看看自己有没有潜力成为一名酒店试睡员吧！

我的妈妈是一位酒店
试睡员。我一直以为这是一个
很轻松、很享受的工作，
直到这次暑假我跟着
妈妈亲自去体验了一下她
的工作，才发现……
酒店
咔
咔
咔
哈
哈哈
床垫的柔软度和枕头的人体工学设计有助于睡眠。
电梯口有未干的水渍，打扫人员不够仔细。
花洒预热速度快，但是水温控制不好。
哒哒
原来酒店试睡员需要懂得这么多知识，真是一份有趣但辛苦的职业！

23 如果你是小小美食家

四方食事，不过一碗人间烟火。

假如你平时爱吃，一看到美食就双眼放光，挪不动步子，与此同时，你还具备敏锐的味觉和极佳的文笔，那么你就很适合从事这份职业——美食家。这样你就可以将自己的"吃喝之道"发展为一项未来"事业"啦。

历史上许多著名的文人墨客，同时也是美食家。比如，北宋时期，有做出"东坡肉"的文豪苏东坡；当代，著名作家汪曾祺同样钟爱美食，留下了很多关于美食的篇章。美食家要尝遍各地美食，还要从食物中品尝出不一样的地域"味道"。比如一棵白菜，东北人会拿来腌渍，做成酸菜；四川人会淋上高汤，做成开水白菜；如果浇上蚝油，就是广东人爱吃的蚝油白菜啦。再比如川渝的麻辣火锅，现在已然受到全国各地嗜辣人群的强烈追捧；而在北方，火锅成了热腾腾、暖烘烘的铜锅涮肉；在注重煲汤的广东，火锅是汤底醇厚、高汤熬制的打边炉；海南盛产椰子，椰子鸡火锅也就顺势而生。

你瞧，就算是同样的食材或烹饪用具，都能在全国各地衍生出符合当地特色的美食。这就绘制出了一幅美食家的味觉地图。如果你爱吃、会吃，还会写，那就拿起笔来记录一下吧。

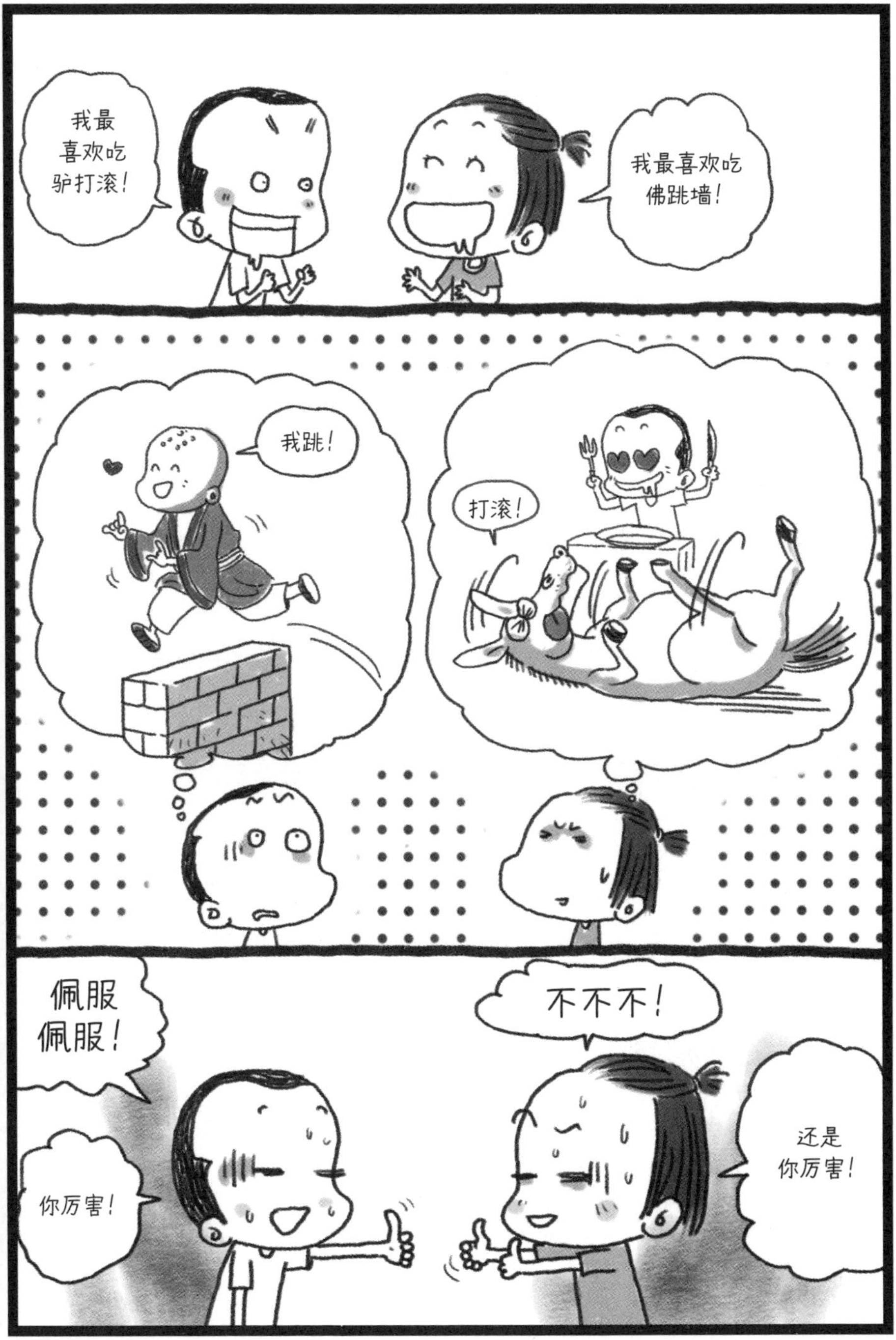
我最喜欢吃驴打滚！
我最喜欢吃佛跳墙！
我跳！
打滚！
佩服佩服！
不不不！
你厉害！
还是你厉害！

24 如果你是小小保洁员

大扫除开始啦,今天的任务是擦玻璃。

新的一天开始了,你睁开眼睛美美地看向窗外,玻璃窗上的泥点子让外面的世界看起来灰蒙蒙的,真是影响心情。可是,如果用手抠,又会留下手指印,该怎么办呢?

要知道,这擦玻璃也是有讲究的。

首先,我们需要一点清洁剂——可以是稀释过的专用清洗剂,也可以用家里常用的东西调配,如稀释后的白醋、小苏打水混合液,或者肥皂水。用喷壶喷洒或抹布蘸取的方式把清洗剂覆盖到玻璃窗上,顽固的泥点等污渍都要在这一步清理干净。

在清洁剂变干之前,使用刮板刷按照从左到右、从上到下的顺序单向刮好(注意不要来回刮)。如果家中没有刮板刷,也可以使用海绵或废旧报纸——海绵易吸水,容易清除玻璃上残留的污渍和水渍;而报纸中的纤维在去除污渍的同时不易留下绒毛,这样既能废物利用,还很环保。

除此之外,如果想让擦干净的玻璃保持得久一点,还可以增加一道工序——用稀释后的柔顺剂再清洗一遍。柔顺剂通常具有去静电的功效,能保护玻璃长时间干净且不沾灰。

这一番操作下来,保证你擦的玻璃纤尘不染,还等什么,快去试试吧!

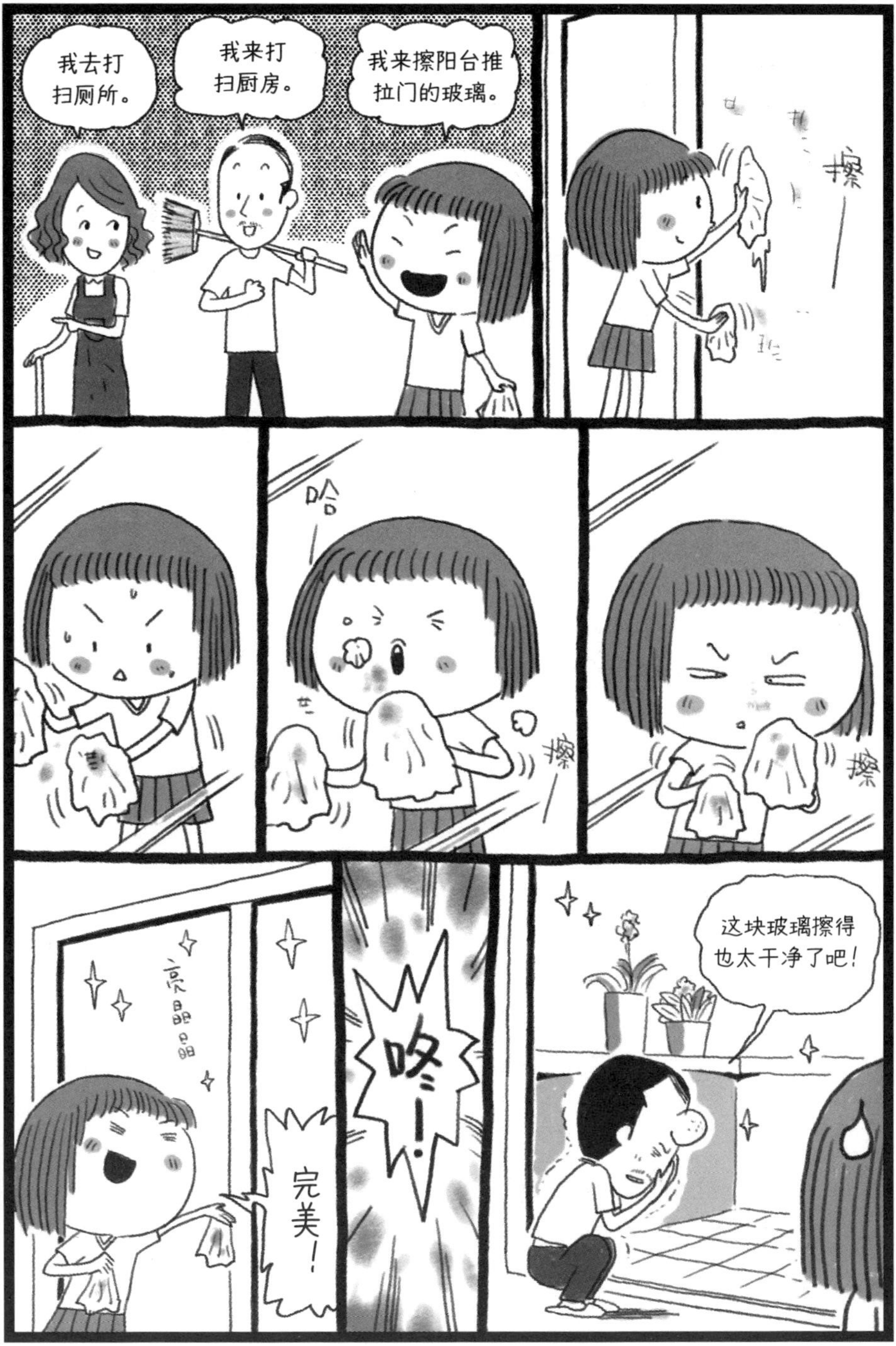
我去打扫厕所。
我来打扫厨房。
我来擦阳台推拉门的玻璃。
擦
哈
擦
擦
亮晶晶
完美！
咚！
这块玻璃擦得也太干净了吧！

25 幕天席地，享受一场心灵放松之旅
走进大自然，让心灵自由呼吸！

你的放假时光都是怎样度过的？如果已经厌倦了周遭熟悉的娱乐活动，不如试试露营，享受一次幕天席地的自然之旅！

作为近年来较为热门的休闲方式，露营已经被人们玩出了多种花样，如沙滩风、山顶风、丛林风，还有跋山涉水看流星，极限冒险驻扎深山，烧烤篝火家庭聚会……真可谓是种类繁多，不一而足。

远离城市的喧嚣，在大自然的怀抱中痛快呼吸，周围是无边的天、漫山遍野的绿和纵情的欢笑，这样的时光谁不喜欢？但是，露营毕竟是一项户外活动，安全方面需格外谨慎。对于新手来说，更建议大家选择成熟、规范的露营地，一是投入成本低，二是营地的生活和急救配套措施齐全，人身安全更有保障。露营应避免恶劣天气出行，扎营时尽量选择平缓、背风的地段，注意用火安全，选择手机信号通畅的地方……即使万不得已要在野外临时扎营，也应注意远离山体、河流。此外，在亲近自然的同时，我们也要爱护自然，及时处理垃圾，不伤害野生动植物，带一些自制的食物就是很好的选择。

如果一切准备就绪，那就去户外尽情享受你的心灵放松之旅吧！

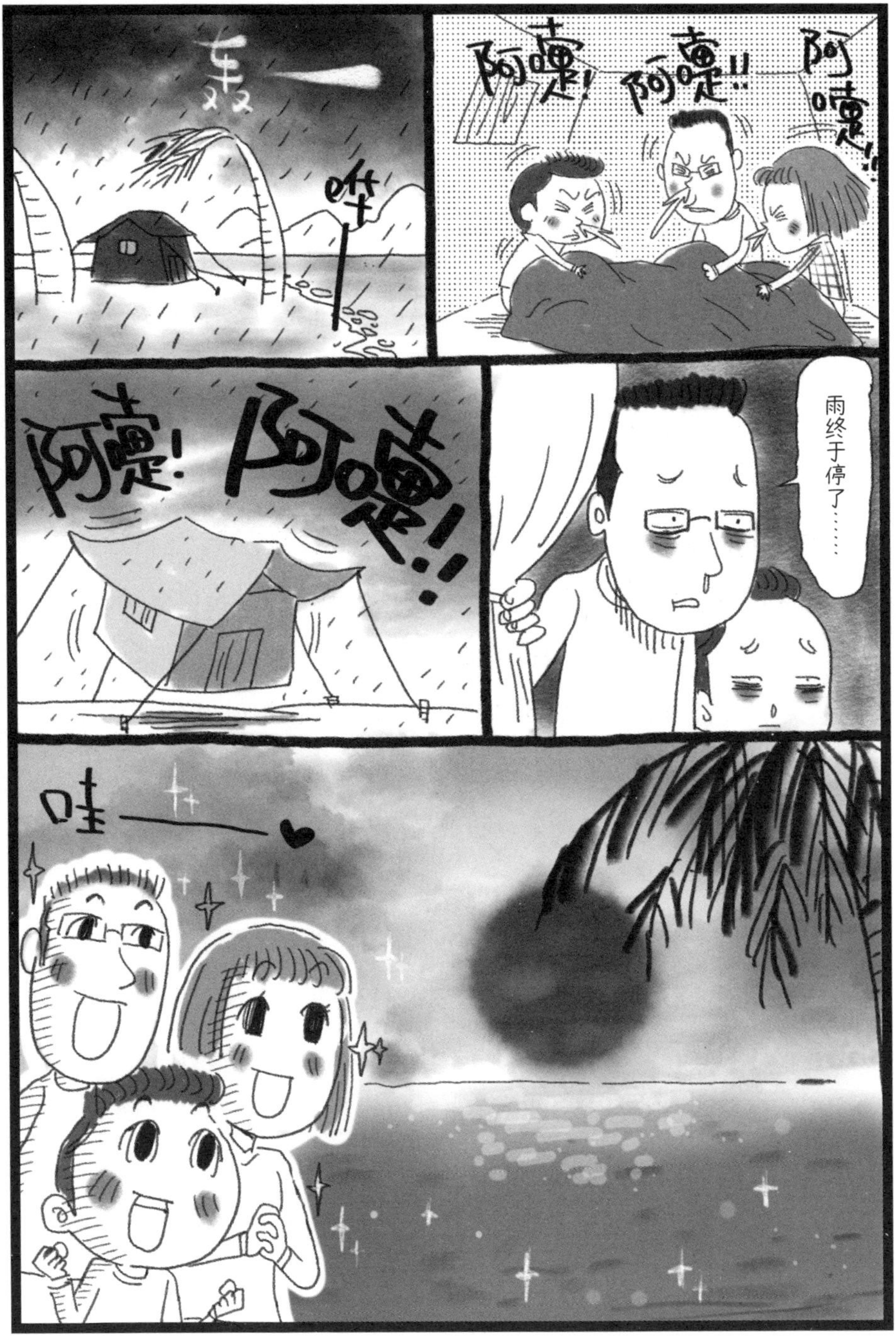
轰
哗
阿嚏!
阿嚏!!
阿嚏!!
阿嚏!
阿嚏!!
雨终于停了……
哇——♥

26 我们为什么要逛动物园?

万物生而平等，愿我们都被温柔对待。

同学们，你们都逛过动物园吗？你们知道逛动物园的正确打开方式吗？

第一，当然是满足好奇心，去观赏各种各样的动物啦。动物园通过收集、展示的方式，给我们提供了一站式饱览全球各地动物的机会。我们最好在参观前做些必要的功课，了解各个动物园的特点，如大连森林动物园的鹤展区包括了全世界15种鹤中的绝大多数种类。有的放矢，我们才会不虚此行。

第二，通过观察动物的自然行为，感受快乐，治愈心灵。比如，北京动物园的"影后"熊猫萌萌，凭借自身圆润可爱的形象吸粉无数，它的一举一动更是牵动着围观者的心，带给大家无限欢乐。

除此之外，近距离观察动物，可以了解动物的生活习性和生存环境，有助于培养我们的动物保护意识。越是了解这些生命，我们越会发自内心地认识到生命的脆弱与渺小。让我们从不随意向动物投喂食物的微小举动做起，树立健康的生态保护意识，这便是我们从动物园游览中所收获的益处。

下一次逛动物园，试着带上一颗爱探索的心去看看那些可爱的动物朋友吧！

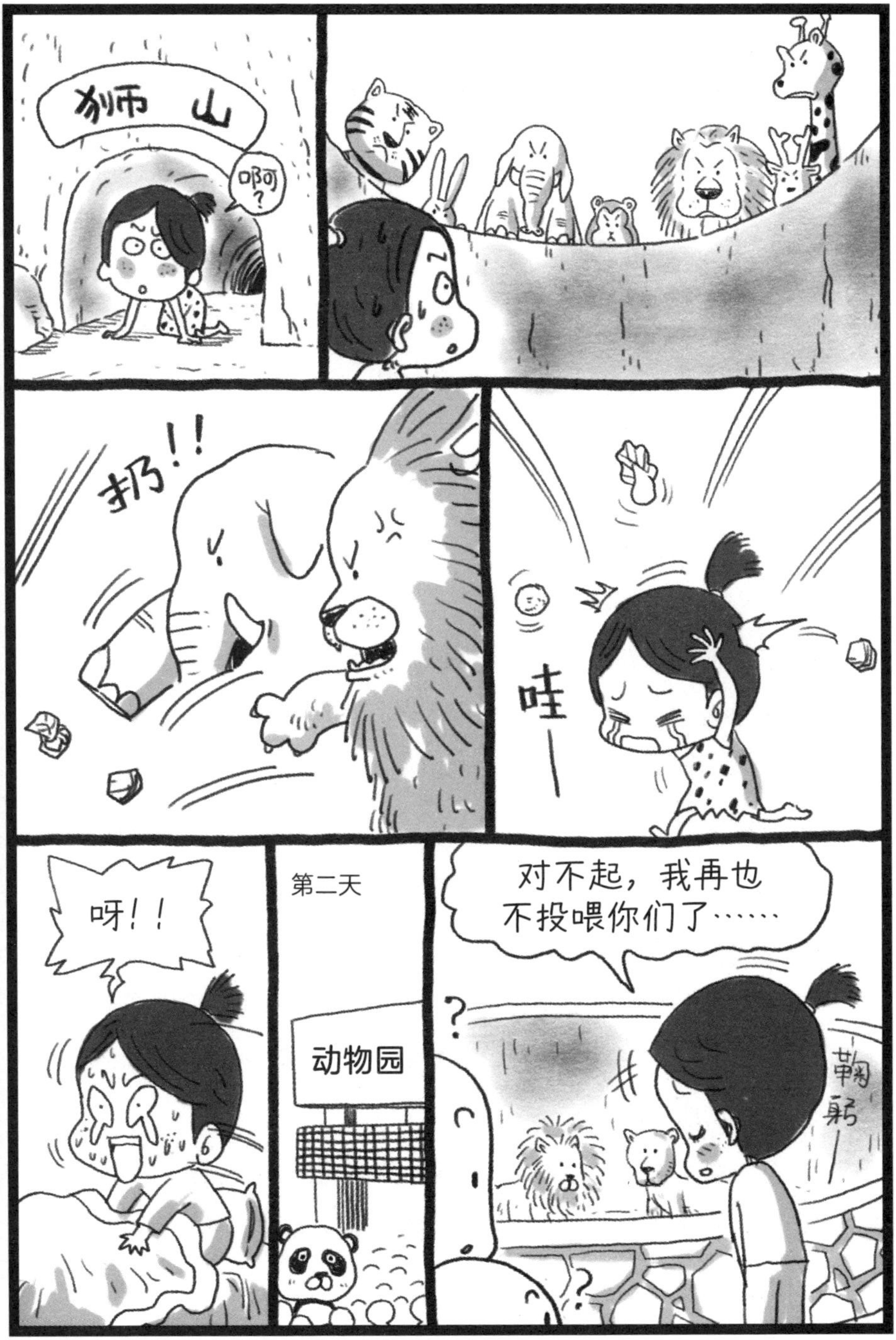
狮山
啊?
扔!!
哇—
呀!!
第二天
动物园
对不起，我再也不投喂你们了……
鞠躬

27 宠物的离世意味着什么？

生命并不是消亡，而是以新的形式继续存在。

有一天，你发现养了 3 年的仓鼠不动了。你知道，仓鼠走到了生命的尽头，去了另一个世界。

你很难过，但妈妈告诉你，生命的终结不是消失，而是一种形态的更迭。仓鼠陪你走过一段时光，只要你还记着它带给你的温暖，它便不算消亡。

其实，对你来说，死亡并不陌生。你在自然博物馆里见过恐龙的化石，它在几千万年前就死了，但它并没有消失，只是换了一种形态，继续呈现它壮丽的美。你还曾经见过一棵枯死的老树，人们把它连根拔起、劈成木柴，燃烧的木柴还能为这个世界带来温暖。

自然界中的生命消亡每天都在发生，物种在不断地更替与焕新，进化出更高级的生命形态。如果草原上没有捕猎者，草就会被食草动物吃光。每种生物都逃不脱在生物链中的特定角色，恪尽职守的自然规律始终维持着生态平衡。死亡，就像春夏秋冬那么庄严而平常。

每一次面对并思考死亡，都会让我们更加明白生命的意义，懂得如何在有限的时间里实现生命最大的可能性，感恩、豁达地度过这一生。

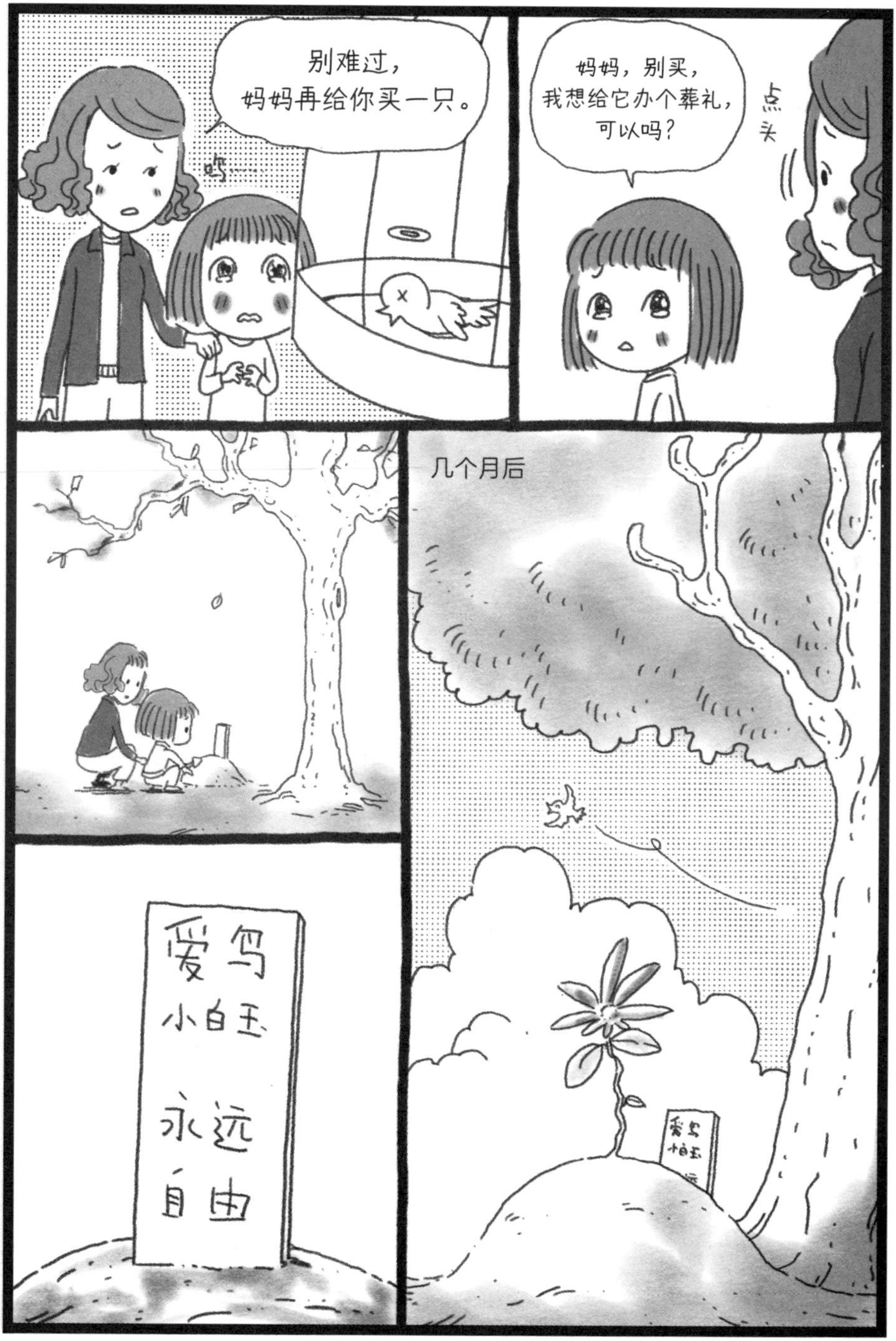
别难过，
妈妈再给你买一只。
呜……
妈妈，别买，
我想给它办个葬礼，
可以吗？
点头
爱鸟
小白玉
永远
自由
几个月后

28 踏青之前，我们应该知道的事

投身大自然的怀抱，敬畏之余，还要保护自己。

白居易在《春游》一诗中写道："逢春不游乐，但恐是痴人。"万物复苏，春回大地，正是去户外踏青的好时候。为此你费了不少心思，还专门买了一双新的户外鞋。

不过，要注意啦，外出踏青可不建议穿一双全新的鞋，因为新鞋和你的脚还"不熟悉"，长时间的山地行走很可能会让新鞋和你的脚趾"打架"。一旦脚被磨疼，甚至磨破起泡，而你在野外又无鞋可换，这会让人非常头疼。因此，最好选择一双防滑、轻便、舒适的旧鞋出行。

万里无云的天气让人心生愉悦，空气也更纯净，可在野外，由于没有城市中的高楼大厦阻挡，没有了厚厚的雾霾层阻隔，紫外线要比城市中更强烈。为了避免晒伤，最好戴上太阳镜、太阳帽，在裸露的皮肤上涂抹防晒霜。

到了郊外，看着眼前整片绿油油的草地，你可别急着到草地上翻滚。春天也是飞虫肆虐的季节，所以要带好防蚊虫叮咬喷雾，尽量不要把皮肤裸露在外。

身在野外，要适时补充水分，可以提前准备一些方便、即食的食物，比如饭团、三明治、面包等。吃饱喝足后，要把垃圾全部清理并带走——保护山野环境也是很重要的。

你们两个就这么随随便便去踏青吗？
穿上防晒服，涂上防晒霜！
听你老妈的……
戴上墨镜！
花露水喷了没？
带上创可贴！带上手杖！
是！是！！
老爸，咱们只是在公园遛个弯，老妈也太夸张了吧！
……
别说话，别人都在看咱们……

29 在野外迷路时的生存秘籍

掌握必备的生存知识,确保安全出行。

我们去野外活动,不仅能放松身心,还能深度探索大自然。但与此同时,由于野外活动的不可预测性,我们也可能会遭遇跟大人走散、与同伴一起迷失方向的意外。万一出现类似情况,你知道该怎么就地取材、转危为安吗?

野外环境错综复杂,有几个基本原则可以帮我们避免落入险境,我们要牢记并遵守:道路走大不走小,尽量选择主干道;走明不走暗,尽量不走夜路;走水不走旱,注意,这里不是要你涉水前行,而是说要沿水的流向走,这样通常能找到主路;走平不走险,不要冒险去攀爬高处,让自己置身于险地。

如果不慎在野外迷失了方向,借助阳光可以分辨方向:找到一根相对笔直的树枝垂直插在地上,在树枝的影子前端放置一块小石头,过 15~20 分钟,再放置一块小石头在树枝的影子前端。然后画一条线连接这两块石头,这就有了东西方向的线。垂直于这条线的方向,就是南北向。

大自然是美丽的,等待着我们去探索,但它又是神秘的,潜藏着危机。因此,开展野外活动前,一定要先做好万全的准备,掌握必备的生存知识,这样才能确保安全出行。

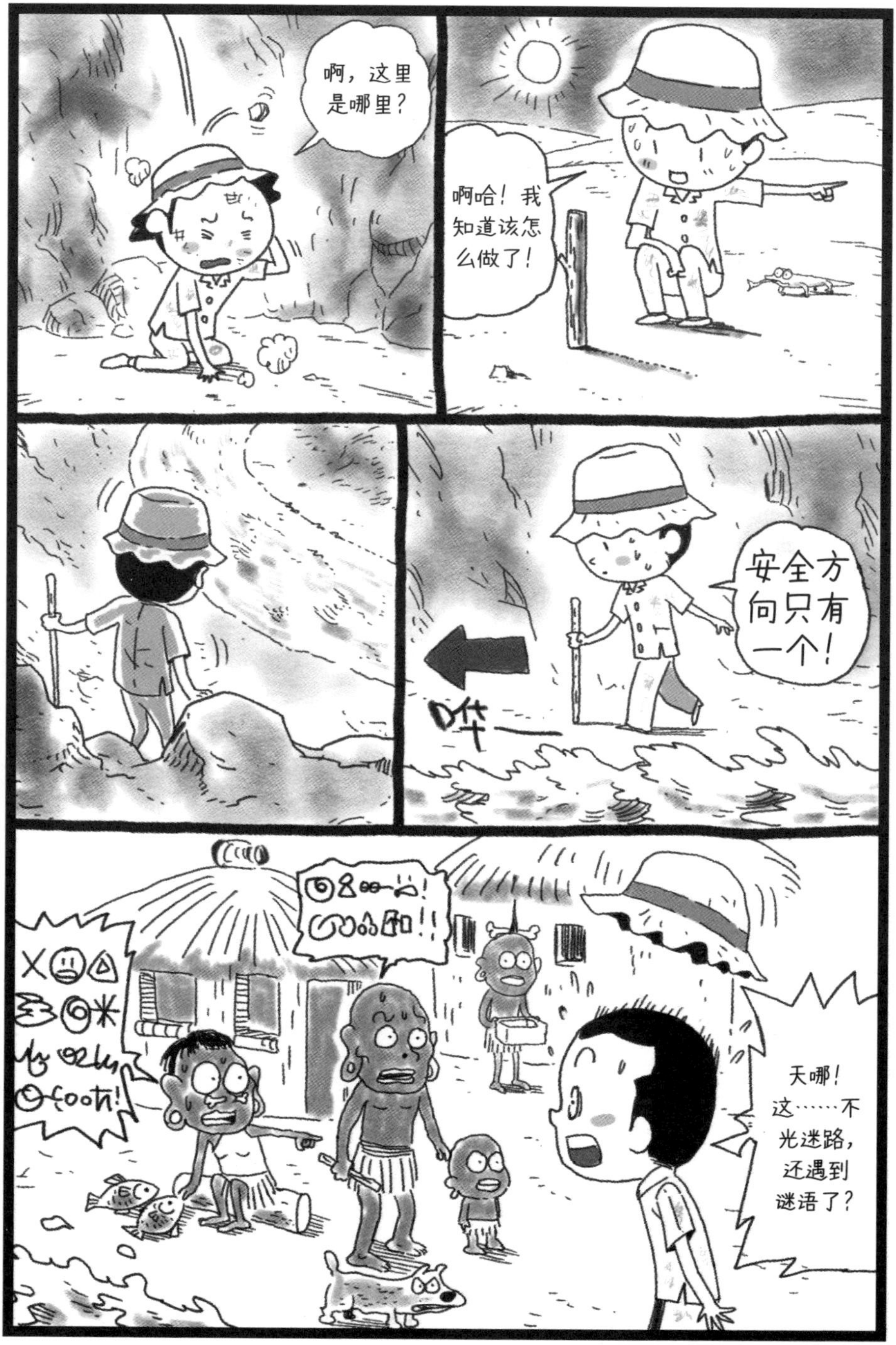
啊，这里是哪里？
啊哈！我知道该怎么做了！
安全方向只有一个！
哗——
天哪！这……不光迷路，还遇到谜语了？

30 什么是野外失温？

密切关注天气状况，避免身体热量流失。

新闻曾报道说，有多名马拉松越野赛的参赛者遭遇天气突变，导致身体失温，甚至有人因此而遇难。这让你和爸爸妈妈不敢将原本打算去野外露营的计划提上日程。那么，什么是失温，为什么会出现失温的情况呢？

失温，按字面意思理解，就是失去温度，又称低体温症，是人体由于长时间处于寒冷环境中，热量流失过多，使人体核心温度下降到35℃以下的现象。

在野外，失温是一种很难防范的危险情况。比如遭遇极端天气，会让人猝不及防地陷入危险境地。要注意，身体轻微失温会有颤抖、双手麻木等症状，如果还出现视线模糊，就得立刻引起重视，设法寻找温暖环境，以防事态进一步恶化。如果产生热得想脱衣服的错觉，甚至反应迟钝、无法走路的情况，就说明身体已经是重度失温，这就非常危险了。此时，应立即脱掉身上的湿衣服，换上干衣服，或用毛毯包裹身体，避免身体的热量继续流失。有条件的要及时饮用热水，温暖自己的头部、胸部、腹部这些身体的核心部位，同时，想办法脱离寒冷环境。如果要去野外露营，一定要密切关注未来几天的天气状况，提前为出行做足周密的准备，让行程安全顺利！

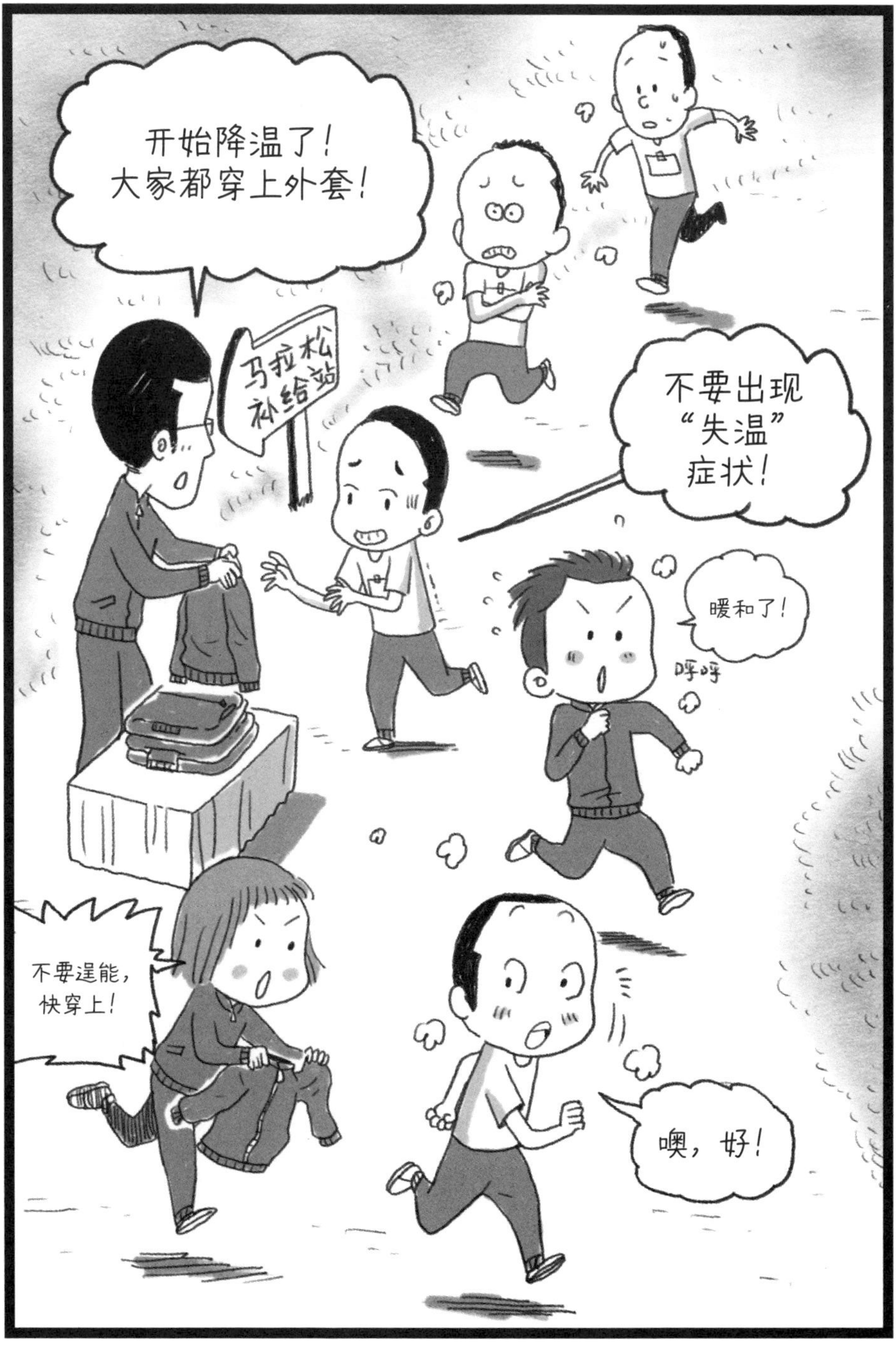
开始降温了！大家都穿上外套！
马拉松补给站
不要出现“失温”症状！
暖和了！
呼呼
不要逞能，快穿上！
噢，好！

31 遇到突发情况想要求助，应该拨打哪个电话？

120、110、119、122，请牢记这 4 个号码！

如今，我们都生活在相对安全的环境里，但依然有可能遇到一些突发的意外情况。学会拨打应急电话寻求专业的帮助，是应对突发情况的必要应急手段。

在我国，我们通常可能用到的应急电话主要有 120、110、119、122 这 4 个，分别对应着不同的应急场景。120 是全国统一的急救号码，在遇到溺水、触电、食物中毒等突发状况或急症时，都可拨打 120，急救中心的专业人员会在第一时间赶到现场处理。110 是公安报警电话，负责受理紧急的治安报案或群众紧急危难求助。119 是消防报警电话，在遇到火灾、危险化学品泄漏等情况时，均可拨打。122 是交通事故的报警电话，在道路上遇到各种关乎自己或别人的事故时都可拨打。

拨打应急电话时，我们应当简明、快速地表达清楚自己的目的，比如告知 120 接线员需要紧急派送救护车，并告知病人的具体地址、身体情况，必要时还要说明性别、年龄等信息。

如果你在慌乱中记不清这些号码，只记住一个 110 即可，因为发生一切紧急情况都可拨打 110，这是万能的报警求助号码！值得注意的是，拨打这些号码是完全免费的，如果你没有手机，路边的各种投币、磁卡等公用电话均可直接拨打。

当你遇到紧急情况需要拨打
急救电话 120 时
错误做法
啊啊啊！
快来救人，这里有人受伤了，
你们快点派救护车！！
120 急救指挥中心
正确做法
我这里是 xx 区 xx 街道
xx 号 xxx 户，有一个病
人遇到了 xxx 情况……
1. 明确表述详细地址
（如果是在户外，还要说
明附近明显的建筑物）√
2. 说明人员情况 √
3. 等候调度员挂电话 √
4. 保持电话畅通√
120 急救指挥中心
嗯嗯……

32 台风的名字都从哪里来？

飞禽走兽、花果草木、山川河流、神仙凡人，几乎无所不包。

台风，是一种多发于热带或亚热带的气旋天气，表现为强烈的气旋在空气中围绕一个中心高速旋转，同时又向前移动，破坏力极强，所到之处会导致严重财产损失和人员伤亡。我国沿海地区就曾遭到"莫兰蒂""云娜"等台风的侵袭，留下了深深的"伤痕"。那么，这些五花八门的台风名都是怎么取的呢？

自1997年起，世界气象组织台风委员会决定统一台风命名规则。台风名字由14个国家和地区提供，每个国家和地区提供10个名字，如我国提供的有"悟空""白鹿"等神话名；日本提供过"摩羯""天琴"等星座名；东南亚各国则是大自然风格，如树名"利奇马"、花名"娜基莉"等。命名要遵循一些原则，要易于发音，不能过于复杂；不能是各自国家官方语言中有不好含义的词；同时也不能涉及商业。如果命名得到台风委员会一致认可，就可被录用。如果某个台风造成了巨大的经济损失，就将永久占有这个名字，并将该名字从备选项中删除。空缺的名字由原来提供该名的国家重新补位。

台风的名字虽然只是代号，但是它们承载着人类对自然的敬畏，每一次台风到来都是大自然对人类的考验，提醒人类，爱护家园，尊重自然。

台风向这边过来了！
呼
快跑呀！
呼
哇
你怎么还不跑啊？
哇！万岁！台风！
“万岁”台风？
你怎么给台风起了这么怪的名字？
英语
作业
万岁！万岁！
呼
哈哈！

33 水火无情,注意生活中的安全隐患

安全隐患问题上,防微杜渐。

我们喜欢水的润物无声,喜欢火的明媚温暖,它们是生活中不可或缺的组成部分,但一旦使用不当,这温润的水和明媚的火,也都可能变成吃人的猛兽。

想想你的家中,有没有把快递盒堆积在阳台的习惯?临时下楼取东西,是否忘记关灶火?手机是不是总会放在床头彻夜充电?刚用完的吹风机是不是顺手就丢在了衣服上?有没有把电动车搬进家中充电的情况?……凡此种种,都可能酿成火灾,一旦发生意外,后果不堪设想。

同样地,关于水的安全隐患同样需要我们特别注意。比如,雨后的水坑不要轻易踩入,要先确定是否远离电线杆等带电设施,因为水是极易导电的,水坑可能有带电的风险。不过,即使没有漏电隐患的侵扰,擅自到河流、湖泊或水库中戏水也是十分危险的。有时,河流水面看起来平静,其实可能水流湍急,如若重心不稳,一旦进入就可能会被强大的水流冲倒,还会呛水,有极大的溺水风险。

可见,水火无情,一旦大意就可能带来不可挽回的后果。在消除安全隐患的问题上防微杜渐,从细节抓起,坚决不松懈。

67

34 地震常识知多少？

学会应对危急，才能在关键时刻科学应对。

大地有时会像人一样"发脾气"，地震就是它的"怒吼"。地震并非毫无预兆，某些现象可以提醒我们地震即将来临。比如，动物可能变得焦躁不安，鸡乱飞，狗狂吠，鱼群突然浮出水面。此外，空气中可能会产生奇怪的气味，或地面发出沉闷的声响。如果发现这些异常现象，你就应警惕地震有可能即将发生。

当地震真的来临时，冷静是最重要的。如果在室内，你应立即躲到坚固的桌子或床下，用手护住头部，避免靠近窗户、镜子或悬挂物等容易破碎的物品，防止被掉落的玻璃或重物砸伤。逃离途中，你也不要急于跑出房间，因为地震期间，楼梯和门口往往是最危险的地方。

如果在户外，你应尽快远离建筑物、电线杆、大树等容易倒塌的物体，找到开阔的地方蹲下，用双手护住头部，防止被坠物砸到。同时，你也千万不要乘坐电梯，因为地震时电梯很容易被卡住，导致人被困其中。地震结束后，不要贸然进入已经损毁的建筑，因为余震随时可能发生。最好的办法是耐心等待救援人员的到来，并听从专业的指示。

学会识别地震预兆和掌握详细的应急措施，有助于在危急时刻更好地保护自己和身边的人，确保大家能成功躲过灾难。

啊，地震来了！
轰！！！
天哪，我要裂开了！可是我这里面还有人，有好多人，大地同学，你等等。
轰——轰
我也自身难保啊！
轰—
轰—
加油，快跑，我快要撑不住了！

35 独自在家的防贼指南

一个人在家，安全最大。

当我们需要独自在家时，父母最担心的就是我们的安全问题。偶尔会发生的一些极端情况也不得不加以防范，其中之一就是——坏人入室。

首先，要确认关好门窗，这样即使有坏人想闯入，也能有效防范。其次，警惕有人敲门的状况。有时，会有坏人冒充推销员、修理工、外卖员等身份敲门，此时请牢记一条准则：陌生人一律不开门。可以向门外大喊一声"请改天再来"，或者让他们直接联系父母；即使是熟人突然到访，也要电话联系了家长，确认后才进行下一步行动。特别注意，我们要跟父母沟通好谁是紧急联系人，遇到特殊情况能第一时间寻得及时的帮助。

另外，为了把小偷或其他可疑人员"吓跑"，我们还可以录制一段父母的录音，以应对不同的场景。如对快递员录"请放在门口，谢谢"；对邻居录"我们家正在大清理，等忙完回头去找你"。甚至还可以播放一段狗叫的声音，让外面的人以为屋内有恶犬，不敢贸然靠近。

平时独自在家，我们应时刻保持警觉，牢记这些防贼技巧，确保自身的安全，保护好自己！

咔嗒
咔嗒……
爸妈今天这么早回家？
咔嗒咔嗒……
打不开？不好，难道小偷来了？坏人？
冷静，冷静！我要智斗！
咔嗒
咔嗒……
爸爸，我要玩游戏！我要看电视！
臭小子！作业都没写完，天天想着玩！你给我站住！
哇哇！
啪啪
看来……看来退敌成功了？
安静——
老糊涂了，难怪哪把钥匙都打不开，怎么就到三楼来了。
301
现在的孩子可真难管。
又追又骂，鬼哭狼嚎的！
301

36 捐赠玩具的意义

将你的快乐传递给需要的人。

在这世界的很多地方,生活着许多和我们年龄相仿、一样可爱的孩子,他们却过着我们难以想象的艰苦、贫穷的生活。为了能让他们也感受到童年该有的快乐,请将你曾经喜爱的玩具,将"怎么玩都玩不够的心情"也转送给没有品尝过这种快乐的小朋友。这是一件多么棒的事啊!

你可以把小时候玩过的积木、不再拍的皮球、不再骑的小车捐给慈善机构。在准备玩具时,为了减少工作人员的筛选难度,让收到玩具的孩子能正常使用,请捐赠前先对玩具质量进行简单的检查:基本功能完好,不缺失重要零件。

接下来,慈善机构会将收到的爱心捐助品送去消毒,去除玩具上可能残留的霉变或肉眼看不见的大肠杆菌等多种致病菌。之后,慈善机构会按需寄送给有需要的山区的特教中心、孤儿院、乡村小学等地。最后,再由各个学校或组织分发给小朋友。

当远方的小朋友收到你的玩具,收获了一份难能可贵的快乐时,远方的你也会洋溢出幸福的微笑吧。

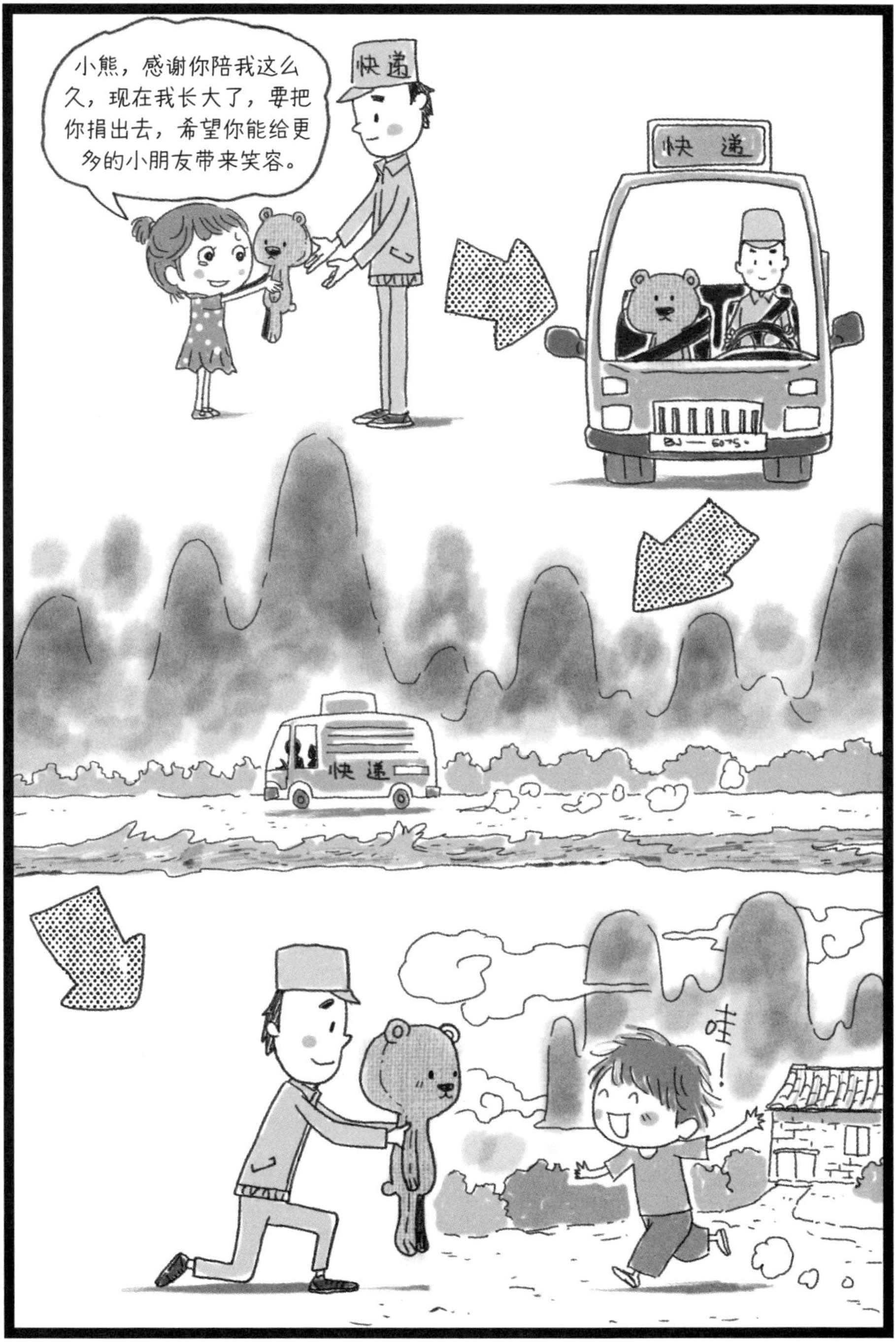
小熊，感谢你陪我这么久，现在我长大了，要把你捐出去，希望你能给更多的小朋友带来笑容。
快递
快 递
快递
哇！

37 红十字会的由来

一个号召即时行善的组织。

当某个地区发生重大安全事件时，我们总能在新闻报道中看到一面红十字旗帜高高扬起。你知道这面旗帜出自什么组织，象征着什么吗？

这面旗帜是红十字会的标志。红十字会是国际人道援助组织，它的使命是帮助有需要的人，传递希望和勇气。红十字会的诞生可追溯到19世纪的欧洲。那时，战争频发，战场上的伤员得不到及时救治，生命垂危。瑞士人亨利·杜南目睹了一幕幕惨状，深感痛心。他呼吁各国要在战争中遵守人道主义原则，保护伤员和平民。这也直接促成了红十字会在战时的特殊地位，"如果一面旗帜在高处飘起，就表示那里是急救站所在地，这个地方就被默认为不受炮火攻击。"

发展至今，红十字会的服务范围已不再局限于在战争中救护伤员。在我国，红十字会也会在地震、洪水等灾后重建、防疫救灾等应急事件中快速响应，为受灾地区和群众提供物资和医疗支持。总的来说，红十字会在紧急救援中扮演着重要角色，在需要帮助的地方，人们总会看到那面高高飘扬的红十字旗帜。

作为孩子，我们也应学习和实践这种关爱他人的奉献精神，从小事做起，贡献自己的力量，在别人需要帮助时伸出援手。

哇！疼死我了！
医生！
让开，我是红十字会的成员！
疼得动不了，唔……
嗯……
吓！
动不了？好像挺严重啊。
要不……找两个人抬去做手术吧！
不是吧！
大夫，我好像好了！
哈哈！！
太神奇了，一点都不疼！
太奇怪了……
真是神医呢！
你不是认真的吧……
咚—咚—

38 拒绝一次性塑料制品，减塑生活更美好

保护我们共同的家，对一次性塑料制品说"不"。

自 100 多年前塑料被发明以来，这种便宜、结实、耐用的材料就被广泛应用到人们的生活中。那时人们不会想到，百余年后的今天，人们又要耗费大量时间和精力来倡导减塑。

一次性塑料制品大多由不可降解的聚乙烯等化学材料制成，它们会在自然环境中长期存在，难以降解。如果被随意丢弃，会对土壤、水源和生物造成严重污染。据不完全统计，每个塑料袋的平均使用时间只有 25 分钟，而完全降解一个一次性塑料袋则需要上百年。它们被混入土壤，会破坏土壤结构，影响农作物生长；倒入海洋，会造成海洋生物误食而死亡；焚烧则会产生有害气体，危害人体健康，造成大气污染……

那如何才能有效减塑呢？很简单，从身边的点滴小事做起，减少一次性塑料制品的使用，用可循环利用的环保材质代替。如买东西时携带布袋、菜篮盛放物品，吃饭时使用自己携带的餐具、水杯等可反复使用的工具来替代一次性塑料用品……

当然，我们也要坚信，科技的进步可以攻克这项难题，如可降解塑料的使用正为我们打开新思路，以后也一定会有更多更好的解决办法。但在此之前，让我们行动起来，共同守护我们的家园！

77

39 人工智能时代的不可思议

机器正在学习像人类一样思考。

2016年,AlphaGo击败了当时世界排名第一的围棋冠军,这次历史性的胜利,代表着人工智能技术正式进入了新篇章。在当前的世界,人工智能技术(AI)早已遍布我们的生活,悄悄改变着我们的生活习惯。

简单来讲,人工智能技术可以形象地区分为"不太聪明的系统"和"聪明的系统"。不太聪明的系统能在某些领域替代人类解决重复性的工作,比如工厂生产线上用来装配、焊接零件的智能机械臂,智能仓储的搬运、分拣机器人。现在,酒店的客房服务机器人也已屡见不鲜了。

聪明的系统则拥有像人甚至超越部分人类的分析、解决问题的能力,比如一台具有自动驾驶技术的智能汽车,具备分析路况,以及和智能语音助理对话的能力。聪明的系统能够让机器"读懂"人类的身体,实现用人工智能协助医生进行疾病诊断。除此之外,人工智能技术还在设计、音乐等创意领域展现出惊人的模仿与创作能力,这太奇妙了!

不太聪明的系统解放了人类的双手,聪明的系统则在特定领域中解放了人类的大脑。相信在不久的将来,人工智能技术还会被应用在更多场景,使我们的生活发生颠覆性的变化。

嘿，兄弟，有什么办法能帮助爸爸和妈妈和好吗？

经过计算分析，你去隔壁王奶奶家借一盆妈妈最喜欢的水仙花于下午5点42分前放在鞋架旁，他们将有99.72%的概率和好。

为什么呢？

水仙花能唤起他们恋爱时期的美好记忆。妈妈会以为是爸爸送的，就会做好吃的回应爸爸，爸爸以为妈妈在用这种方式向他道歉，自然而然也会给予回应。

万一妈妈问起水仙花呢？

爸爸有96%的概率会选择将错就错地承认是自己送的，因为他不会再为自己找麻烦。

好嘞！就这么办！

这是谁种的大蒜？！

不是我！

40 机器人会完全替代人类吗？

思考使人与众不同。

随着科技的飞速发展，人工智能技术（AI）被广泛应用于扫地、做饭、讲故事、查询资料等日常生活。被赋予人工智能的机器人给生活带来了极大便利，可随之而来的还有关于人工智能是否会替代人类的争论与恐慌。

其实，人工智能技术的优势在于其高效地处理大量数据的能力，以及不间断工作的能力。它可以在医疗诊断中分析大量病例数据，提供诊断建议；在金融领域进行快速的市场分析和风险评估，给出投资建议。此外，机器人无须休息，可实现24小时不间断工作，能完成大量重复性和机械性任务。

然而，人工智能技术的局限也十分明显——缺乏情感和道德判断能力，无法完全理解和处理复杂的人类情感问题。在艺术创作上，人工智能生成的作品也因缺乏人类创作的情感和灵感加持而欠缺艺术价值。比如，由人工智能生成的毕加索画作，即使模仿得再逼真，也逃不脱是一幅仿品的本质……艺术的创造力和创新能力仍然是人类的优势。

因此，虽然人工智能技术在一些领域展示了强大的能力，可以替代人类完成一些重复性的工作，但不会完全取代人类。在复杂的社会互动和人类情感问题上，人类依然占据主导地位。

你太淘气了，妈妈决定养个机器人代替你！
我爱妈妈，妈妈爱我。
100分……努力……
他会认真地写作业！
劳动最快乐……
爱干净，讲卫生！
力度合适吗，妈妈……
还会帮妈妈按摩！
咚咚
我以后会改的……我会做个好孩子……
呜……
我不要被替代啊！妈妈！
哇！
妈妈开玩笑的，你比它可爱多啦！
哈哈
电量不足，请充电……
嘎嘎

41 让打印不只是打印，从平面到立体

未来充满可能，科技改变生活。

现在，我们可以随时打印作业、试卷、学习资料，打印技术的广泛应用给我们的生活提供了极大便捷。但你知道吗，除了生活中常见的、打印在纸张上的喷墨打印机，能够立体打印的 3D 打印机也早已被普遍应用。

如果把喷墨打印机比喻成在纸上"刺绣"，那 3D 打印机就是在沙地上"堆城堡"。传统打印机靠将墨水喷到纸面上形成二维图像，3D 打印机则是靠一种特殊粉末将三维图形按照横截面层层叠加固定生成立体模型。

有了立体打印模型，许多复杂的问题迎刃而解。比如，2014 年，美国就有使用心脏打印技术成功救活婴儿的手术案例；依靠 3D 打印部分零部件，我国自主研发的飞机 C919 大大缩减了制造成本和生产周期；博物馆可以用 3D 打印技术修复珍贵文物；汽车、房屋建筑等领域也可以用它来快速建模……可以说，3D 打印技术的发展和应用，为我们的生活创造了一种全新的可能。

据悉，已经有制造商在尝试制造可以装在口袋里的微型 3D 打印机。也许将来，我们每个人都可能拥有哆啦 A 梦的神奇口袋，想一想都兴奋呢！到时候，你最想打印什么呢？

83

42 电子书能成为纸质书的替身吗？

不管是纸质书还是电子书，只要能看到好的内容，便是一本好书。

随着科技的进步，书的形式也在发生变化，电子书悄然诞生了。阅读电子书，一时间成为读者的新风尚。要是让你选的话，你会选择纸质书还是电子书呢？到底要读哪种书才好呢？

电子书的优势表现为体积小、容量大，便于携带。理论上说，你下载一个应用软件，就可以一览全世界的图书，在地铁、公交等场合你都可以随时阅读任意一本书。阅读电子书，可以让我们有效地利用起琐碎的时间，而且，它的价格也远远低于纸质书。电子书还可以将数以亿计的读者连接，共同使用同一平台的读者可以共享无数评论与心得，可以即时在线上讨论观点。这是纸质书所不能比拟的。

而纸质书具有独特的触感和气味，许多读者仍喜欢这种传统的阅读方式。纸质书还可以满足收藏者的需要。从情怀的角度讲，真实的触感，油墨的书香，在书页停留之处夹一张喜欢的书签，这种阅读体验是纸质书所独有的。

归根结底，电子书和纸质书只是阅读的两种不同的形式和载体。无论什么载体，当你翻开一本书，只要能从中获得更多有趣的内容、更深刻的体会，这便实现了读书的初衷。

嘻嘻……
快来看看我新给你买的电子书阅读器！
丢
哇！
哇，好神奇！
平板
好棒！小小的机器里装得下500本书呢！
平板
下来玩！
我先出去玩喽！
丢
呃
哗啦！！
哇！

43 在网上购物要注意什么？

八字箴言：诚信买家、真实评价。

你一定有跟着妈妈一起逛街的经历，然而，你发现，这种经历变得越来越少。网络购物现在已成为足不出户就能实现购买的生活方式，点一点屏幕就是在"逛街"了。但面对海量的搜索结果，你知道如何隔着屏幕挑选出自己心仪的商品吗？

网购时，我们无法亲眼看到或亲手摸到实物，十分依赖卖家展示的详细信息和商品图，面对不会说话的文字和图片，我们需要一些想象力，通过商家标出的材质、尺寸、性能等信息在脑中构建出物品实际的外观。不过要注意的是，商家往往会将图片"调整"得更为美观，因此，我们不能只看商家的宣传图，而是要多看评论区用户的真实评价。同时，我们也要比较不同商家的信息与价格，选出更符合预期的商品。

另外，要选择信誉优良的商家，最简单的方式就是认准品牌的旗舰店，并且选择带有运费险的商家。如果收到商品后发现不满意，甚至怀疑自己买到了假货，你都可以退回商品，这可以大大降低自己的损失。

网络购物是快节奏生活和科技时代的产物，面对浩瀚的网络世界，我们要擦亮双眼，避免沦为"待宰的羔羊"。

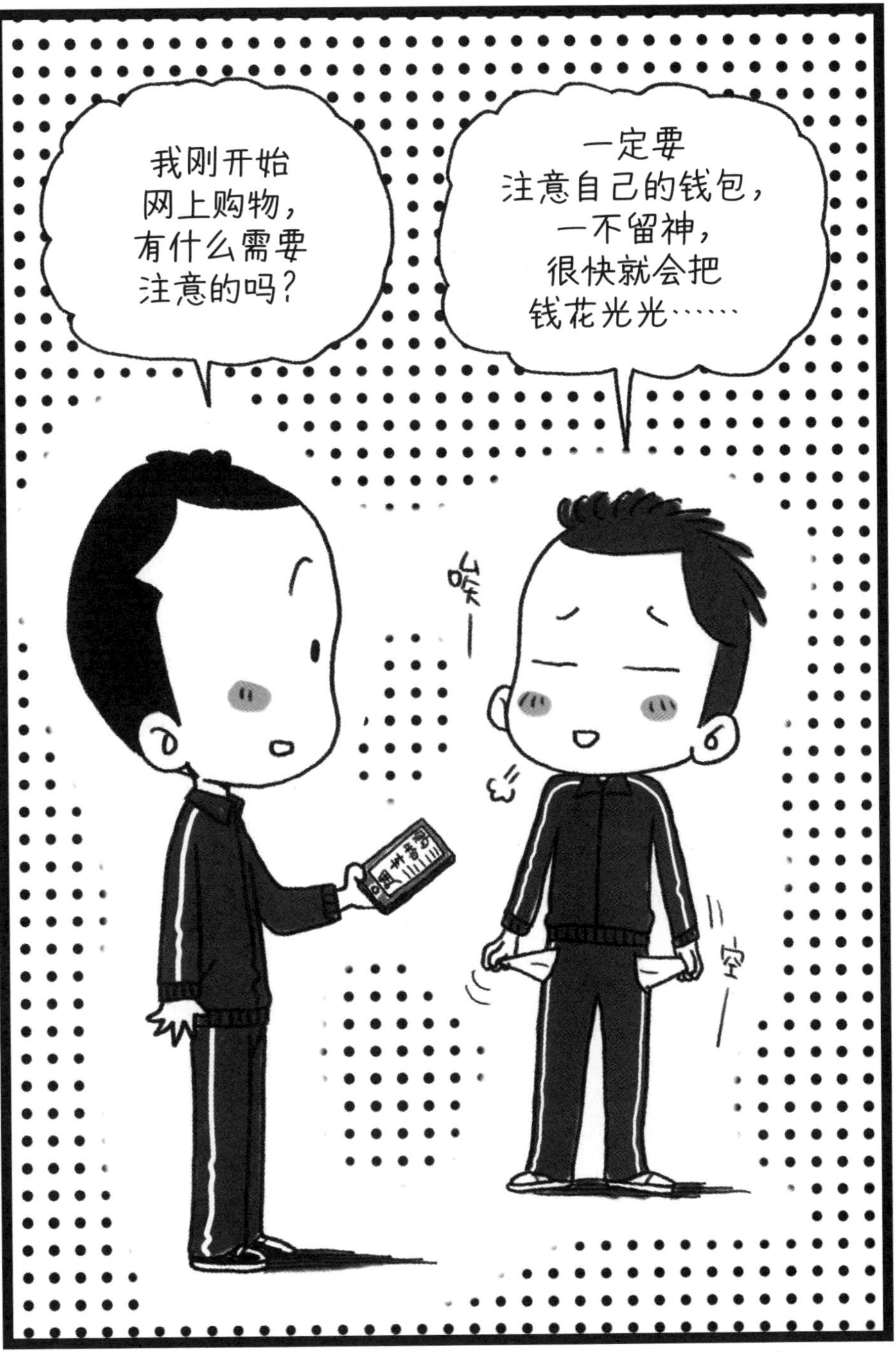
我刚开始
网上购物，
有什么需要
注意的吗？
一定要
注意自己的钱包，
一不留神，
很快就会把
钱花光光……
唉—
空—

44 网购时，警惕网络上的完美图片

以假乱真的技术让你与真相离得更远。

"欸，这怎么跟图上看到的完全不一样啊？"妈妈在网上购买了一样东西后，提出了这样的疑问。为什么妈妈会有此想法呢？

这是因为商家在网上发布图片时，为了让商品看起来更美观，修改了商品图的色彩饱和度，再加上拍摄时的曝光度不同，就会让展示图和实际商品差别很大。随着图像处理技术不断发展，网络上的图片极易被"篡改"。我们要如何辨别呢？

首先，要对色彩鲜艳的图片心存怀疑，因为除非是刻意营造的光线和背景，大多数相机的拍摄只会还原物品原本的色泽。真实的场景，往往看上去总不那么美观。这也是一个小哲理。

另外，要想知道图片是否被处理过，可以看图片的阴影处是否有齿痕或拼接得很奇怪的错位痕迹。如果图片背景中原本没有东西，而在后期处理后被拼贴上了某样东西，图片上物品的边缘与环境往往很难完美融合，影子的方向和光照方向也通常会不一致。当然，也许更加先进的科技会完美解决这类问题，但过于完美的图片还是值得存疑。

哇，这个男生
太帅气了！
长得真好
看啊！
你认识这个
男生吗？
呃
怎么样？
我新拍的艺术照？
噗！
这跟你一点
都不沾边吧！
哇，人家只是要求
艺术加工一下啊！
揉
你这
就是
欺诈呀！

45 坐飞机时要注意什么？

飞机是一种你越严格遵守规则就越安全的交通工具。

飞机是能直插云霄的"空中交通客车"，每当飞机从头顶飞过，你都会驻足观看，并遐想自己乘坐飞机的场景。相比于火车和汽车，飞机时速更快，但乘机的流程也更严格和烦琐。

由于机场大多建在远离市中心的郊区，因此，出行时要提前至少两小时到达机场。抵达机场后先去值机柜台办理行李托运手续，同时，领取登机牌。当然，现在也可以在手机上进行无纸化值机，这样更加快捷、环保。登机之前，要经历乘机过程中最重要的一环——安检。为了防止不法分子将可燃液体带上飞机，根据规定，携带在身上的物品中不能有水，洗护用品的容量也不能超过100毫升。

在飞机起飞和降落时，我们可能会出现耳胀的情况，这是大气压力变化导致耳鼓膜内陷引起的。这时可以嚼几粒口香糖、喝口水，或用嘴鼓气来缓解。另外，机舱内的大气压强会比地面低，含氧量减少，这种环境会使人体水分流失，你会感到口腔干燥，所以一定要多喝水。而且，飞机舱内空间狭小，长时间静坐，腿脚容易肿胀。这种情况下，可以借去洗手间的机会活动一下。

下次坐飞机时，这些小常识一定可以派上用场！

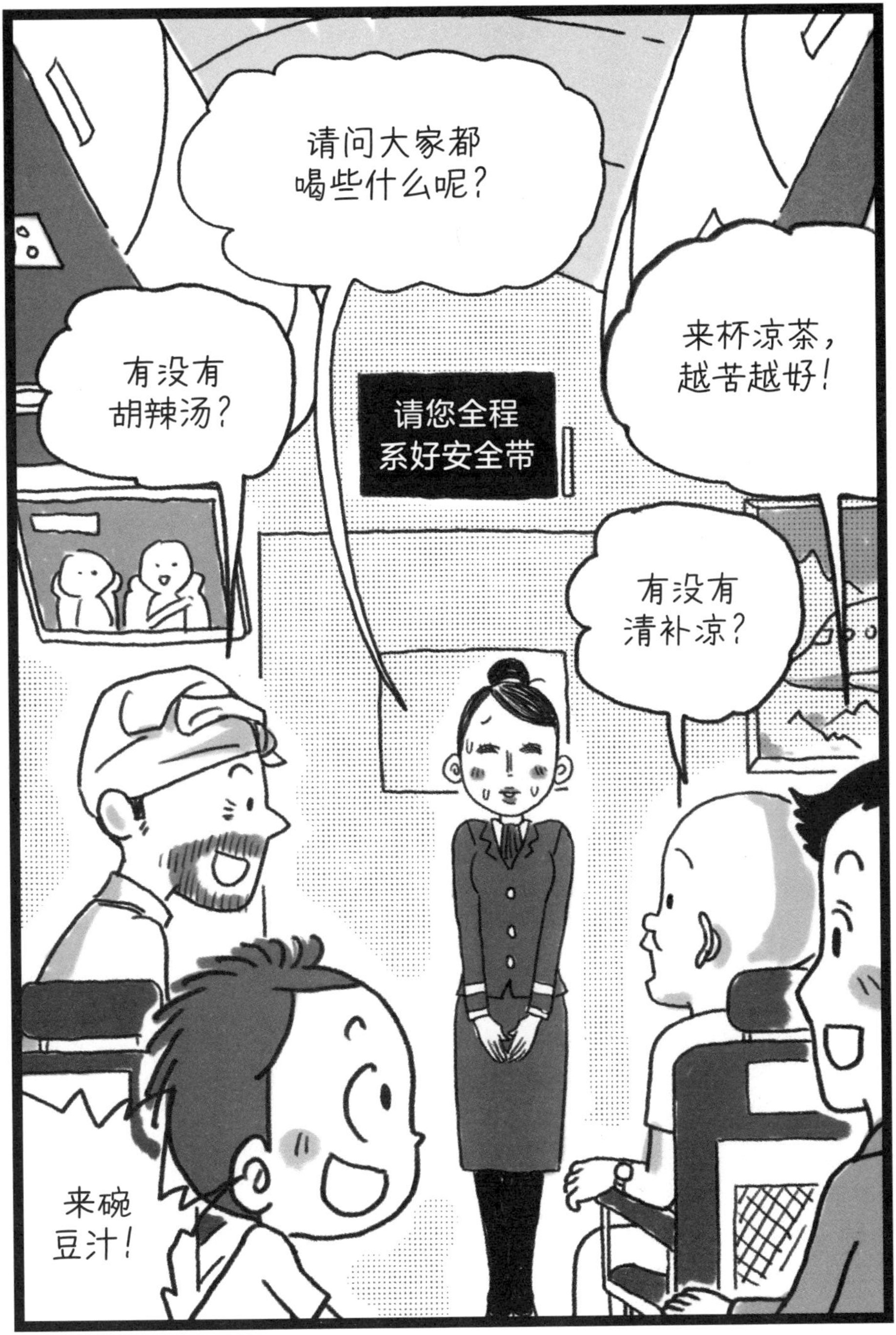
请问大家都
喝些什么呢？
请您全程
系好安全带
有没有
胡辣汤？
来杯凉茶，
越苦越好！
有没有
清补凉？
来碗
豆汁！

46 让室内迅速降温的神奇家电

空调不是让热量消失了,而是将它转移了!

过夏天必不可少的东西是什么?是什么让我们可以在最炎热的三伏天里待在凉爽的房间,吃着脆甜的大西瓜,惬意地享受着夏天?没错,就是空调。空调就像是一位夏季使者,为我们带来室内的清爽世界。

我们知道,空调由两部分组成:室内部分和室外部分。室内部分负责吸收热量,它的秘密武器是制冷剂。当空调启动后,低温低压的液体制冷剂就开始吸收室内的热量,使自己"膨胀"气化(物理现象,气化吸热)后变为气态制冷剂输送到室外。

室外部分的职责是让携带热量的制冷剂"冷静"下来。这就用到一个聪明的设计——室外压缩机。它将气态制冷剂压缩成高温高压的状态,然后送到冷凝器中。在那里,气态制冷剂释放热量,冷凝成高压液态,而原本它所携带的热量就被释放到外界空气中了。所以我们夏天从空调外机经过,总是有呼呼热风扑面而来。

空调的运转,是制冷剂在室内吸热变为气体,又在室外散热变回液体,重复流转,就完成了源源不断的热量搬运!

所以,空调并不是凭空制造冷气,而是通过一系列神奇的热量搬运,让我们在酷热的夏日里享受到了丝丝清凉。

欢迎到我家
做客！
屋里
好热啊
……
听说他家的空调
也坏了……
肯定是我的热情好客之火
把屋子烘热的呢！
哈哈
突然就变得
好冷……
呼……
他的冷笑话
有时候还挺
管用的。
僵！
好冷……

47 从燃油到电动，带你认识新能源汽车

科技的发展带动观念的改变。

汽车的发明和大规模应用加速了人类前进的脚步。随着科学技术的发展，新能源汽车正在快速崛起，并在汽车市场上占据越来越重要的地位。

与传统燃油车主要靠燃烧汽油提供动力的方式不同，新能源的"新"主要体现在动力来源上，依靠"三电"——电池、电机、电控技术来实现新一代轿车的环保和智能。这种新技术满足了环保的需求。因而，很多城市里的公交车、出租车目前都逐渐走向了"电动化"绿色运营。

当然，新能源汽车也存在一定劣势，最让车主头疼和焦虑的是电池续航和里程受限的问题。不过，随着科技不断发展，这些问题正逐步得到优化。与此同时，自动驾驶技术又给新能源汽车插上了智能化的翅膀，越来越多的智能场景使出行变得更加温馨舒适。当冬天冷得瑟瑟发抖不想出门时，你可以提前远程开启暖车的空调模式。开车无聊时，你可以对车载智能机器人喊："嗨，给我放首歌吧。"它会让你的旅途轻松又有趣。

未来，新能源汽车上还会搭载更多智慧功能。畅想一下，作为用户，你最想要在车里实现什么功能呢？

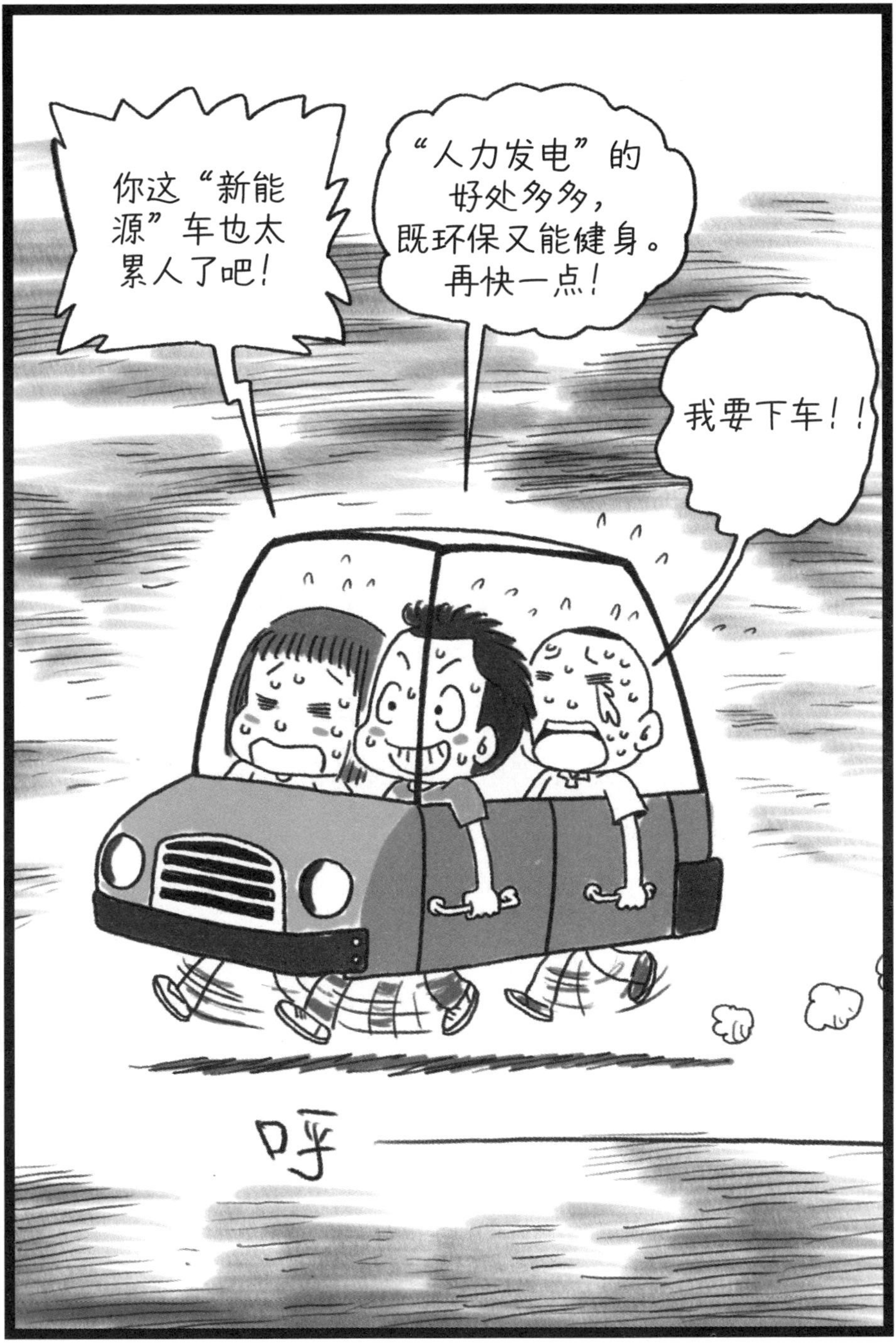
你这“新能源”车也太累人了吧！
“人力发电”的好处多多，既环保又能健身。再快一点！
我要下车！！
呼

48 不可不知的电梯故障应对方法

冷静的头脑是应对故障所不可或缺的。

我们有时会听到有人被困电梯中的新闻事件。现在，城市中高楼大厦林立，乘坐电梯已是我们生活中无可避免的常事。那么，你知道乘坐电梯时遇到故障该怎么应对吗？

首先我们一定要保持镇定，在紧张或害怕的时候，先调整呼吸，使自己冷静下来，如果乱了阵脚做出错误的操作，也是非常危险的。当电梯突然停止运行时，要立即按响电梯内的警铃对讲机或拨打电话与管理人员取得联系，等待外部救援。如果与外界取得联系未果，可以间歇性地呼救或拍打电梯门，但不要一直呼喊，以免过度消耗体力或导致缺氧。

当电梯出现下坠情况时，应迅速按下所有楼层的按钮。同时，背靠墙角站立，踮起脚后跟，使整个背部和头部紧贴电梯内墙，双手紧紧抓住电梯内扶手。如果电梯内没有扶手，就双手抱头，双腿微微弯曲采取下蹲姿势，以降低电梯坠落时过大的冲击力对人体造成的伤害。切记不要强行扒门爬出，以防电梯突然开动。

另外，出现以下情况时不宜乘坐电梯：电梯发生异响、电梯轿厢地板与楼层不平、电梯内快要满员等。还有，如遇到火灾、地震，千万不要图快乘坐电梯，一旦被困，几乎毫无逃生可能。

咔！
哇！
咔！！
停电了?！
怎么办，没信号……
大家不要慌，先把各层都按了，再呼救……
丁零零……
大家都没事吧！安全啦！
维修
我刚刚好勇敢啊……
啪
啪！

49 见缝插针的诈骗陷阱

警惕陌生信息，反复确认。

妈妈的手机上收到这样一条短信："妈妈，我要交学费，你给我转一些钱吧。"妈妈心里一惊，这是什么情况？别慌，这是一条诈骗短信。

不法分子利用基站向信号所覆盖区域内的用户发送短信，每 10 分钟可以发送上万条。他们通过编造各种真实的生活场景信息，总会"钓到"几条不能明辨真假的"鱼儿"。

再比如，当你接到陌生来电，有人向你推荐理财产品、销售楼盘等时，你都要提高警惕。当然，最难辨别也是最可恶的就是不法分子准确报出某个朋友或亲戚的姓名与职业，同时编造出耸人听闻的消息。这种情况下，一定要保持冷静，以防做出错误判断。

大多数信息诈骗都因个人信息泄露所致。比如在商场办的会员卡、在某个平台注册使用了个人信息，或者在网络或软件上填写问卷调查，这些都有可能造成信息泄露。

因此，我们在需要填写如身份证、电话、家庭住址等重要信息之前，一定要先核验软件资质和真实用途，不要贸然填写。处处提高警惕，才能在这个信息时代里保护好自己的财产安全。

喂！
请问你找谁？
您好，恭喜您中了大奖500万元，请您先支付5000元手续费，随后我们会将奖金打到您的账户！
吓！
诈骗电话？！
……
呃……
这样吧，从我的奖金里扣5000元，再把剩下的给我，这样……
干得漂亮，儿子！
这家伙也不是笨得没救嘛。
嘟嘟嘟嘟嘟……
挂掉了……
啧?!
可我还没和他说账户，他怎么把剩下的钱给我？
又败给你了。
当我什么都没说……

50 如何察觉 AI 换脸？

识别 AI "假面"的真伪，守护真实世界。

你一定看过《西游记》里"真假美猴王"的桥段，无论你怎么瞪大眼睛也找不出其中的破绽。尽管现实中不能凭空变出一模一样的东西，但"AI 换脸"技术可以做到让你真假难辨。

"AI 换脸"，顾名思义，就是使用人工智能技术（AI），通过深度学习模型、面部关键点检测、融合等技术，从图像或视频中提取人面部的眼睛、鼻子、嘴等特征信息，再将这些信息生成想要复制的面孔。

在社交媒体上，人们可以使用 AI 换脸技术来制作有趣的表情包或搞笑视频，但是也有一些不法之徒，利用 AI 换脸技术在网络上进行欺诈，我们可不能被这些"假面孔"给骗了！要时刻保持警惕，调动洞察力去识破那些虚假的表象。

首先，要仔细观察人物的表情，AI 换脸后的表情可能会有些生硬，就好像是戴着一张假面具在表演。其次，听听他们的声音。如果声音和嘴型对不上号，就很可能是一个"假人"！另外，注意动作的连贯性。AI 换脸可能会导致动作出现一些不协调的地方，就像是跳舞时踩错了节拍一样。

科技发展带给我们乐趣的同时，也带来了很多风险，我们要保持一份警惕之心。

叮叮
唉？
会是谁呢？
是谁？
儿子，快给
妈妈开门！
你怎么
证明是
我妈妈？
你看
不到
我吗？！
那可不好说，
现在 AI 都可以
换脸的！
少废话！
我要上厕所！
露馅儿了！
我老妈不会这么说！
你快说正确答案！
哇！
……
老娘要去
“噗噗噗”……
这回答对啦！
我给妈妈开门！
吓！！

51 搜索信息的最佳途径

搜索太过容易，思考就可能被拒之门外。

点点屏幕要比翻各种书本查阅资料轻松和简单得多。但你知道吗，在我们最常用的搜索引擎中，"百科"搜索出来的页面中有个可以编辑修改的小图标"✎"，也就是说任何人都可以对其进行修改。那你看到的信息曾被谁修改过呢？内容可信吗？答案自然要打个问号。

除了百科词条之外，还有如博客、论坛等发表个人意见的媒体网络，这些平台上的内容仅代表个人的观点或情绪，不具备公信力。许多网络暴力事件就是在这些平台滋生的。甚至，还有一些虚假信息会被伪装成新闻的模样在网络上传播。

因此，在搜寻信息时，学会甄别官方网站很重要。如政府网站的域名会包含".gov"，学术机构的域名会包含".ed"。此外，确保网址拼写正确，避免访问类似但稍有不同的域名而误入假冒网站。如果要查询严谨的信息，还是尽可能借助纸质媒介，如相关专业杂志或报纸、正式出版的书籍等。

总之，我们要学会多渠道搜索信息。通过反复搜索，我们会多角度思考问题，从而更全面、深入地了解某个领域知识。同时，我们也要学会甄别和分析信息，要考虑信息的逻辑性和证据支持情况，避免被片面或错误的信息误导。

家里有新电脑了。
我们就可以搜索有用的知识了！
哇噢——
千度
什么都能搜索出答案吗？
第二天
青铜侠和奥特快哪个更强？
私房钱藏到哪里不会被老婆发现？
如何才能要到更多的压岁钱？
千度
糟糕，忘记删除搜索记录了！
你们搜索的都是什么东西……

52 无处不在的黄金分割

美就是恰当。

出门旅游时,当你赞叹大自然的和谐之美、经典建筑的设计之美时,你还不知道,它们都有一个神奇而又神秘的共同点——黄金比例。黄金比例,最初是数学领域的一个专有名词,用数值来表示的话,大约是 1.618 : 1。

公元前 6 世纪,古希腊数学家就已经提出了黄金分割比的概念。现代数学家认为,黄金比例具有严谨的数学性与艺术性,包含着丰富的美学价值,按照这个比例,就可以构成有美感的图案。

人都是视觉动物。简单而言,黄金比例的运用会让我们的视线自然而然地多停留在需要重点关注的地方。在自然界,植物的叶柄沿着黄金分割比例生长。在人体中,人的肚脐位于人体的黄金分割点上。世界上许多著名建筑都是按黄金比例建造的,如古埃及金字塔、法国巴黎圣母院、埃菲尔铁塔等。在达·芬奇的名作《蒙娜丽莎》中,人物身体与背景的比例,以及眼睛与面部的位置关系都符合黄金分割比例,所以人们才会在视觉上产生和谐的美感。

不管是植物、人体,还是室内装饰、艺术作品,黄金分割比例会帮助我们提高对生活的审美水平,感受更多创造之美。

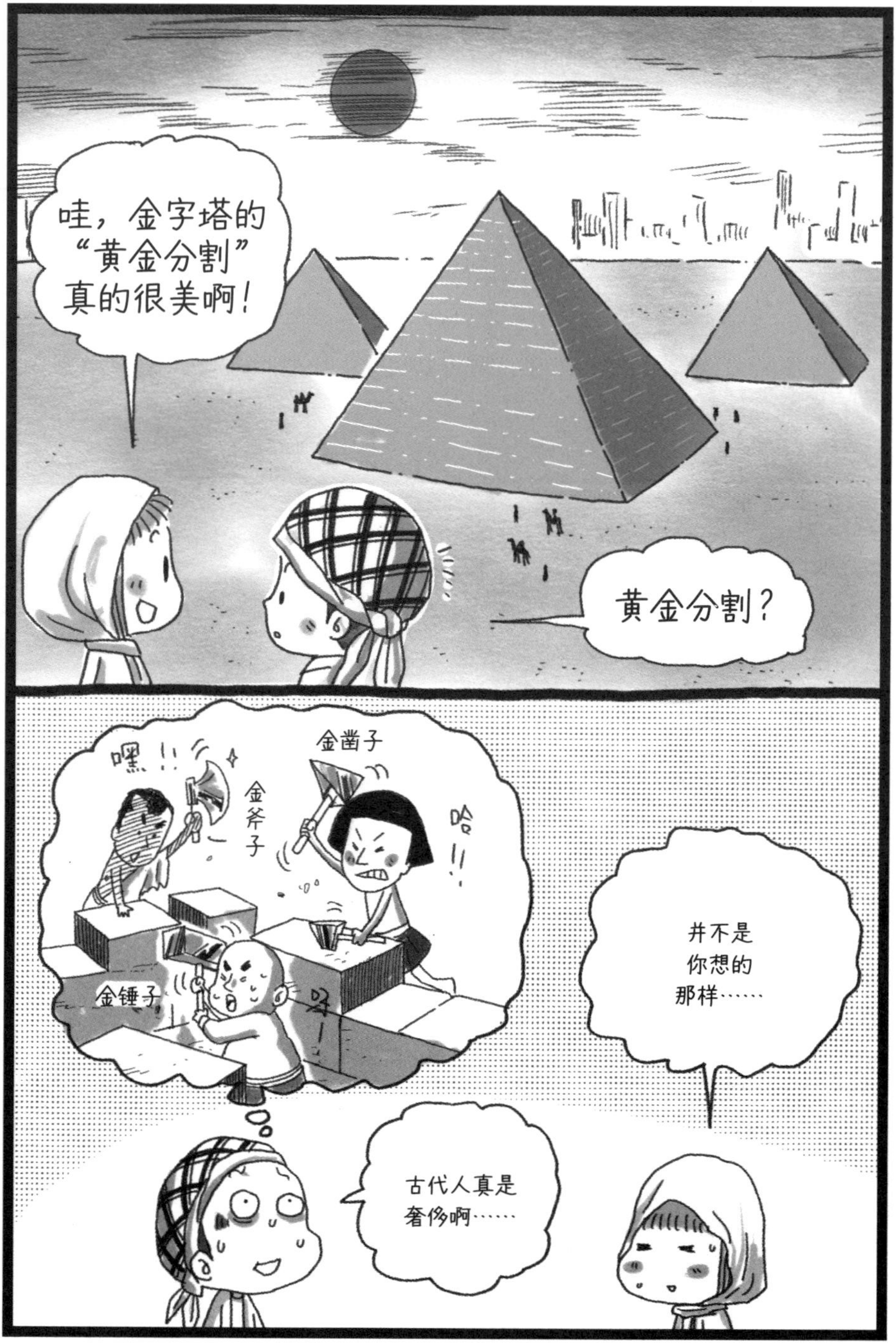
哇，金字塔的“黄金分割”真的很美啊！
黄金分割？
嘿!!
金斧子
金凿子
哈!!
金锤子
呀!
并不是你想的那样……
古代人真是奢侈啊……

53 冬去春来，四季更迭的规律

一年之中，气候有二十四种"性格"。

2000多年前，我国先民们通过观察太阳的运动轨迹，以及天气和物候的变化节律，对四季做了更细致的区分，形成了二十四节气。为了方便后人记忆，一首"节气歌"诞生了：春雨惊春清谷天，夏满芒夏暑相连。秋处露秋寒霜降，冬雪雪冬小大寒。

春天的伊始是立春，立春之后气温开始回升。春回大地，春雷乍动，惊醒了冬眠的动物。此时，天气多为晴朗，草木渐渐繁茂。雨水增多，雨生百谷。充足的雨量让农作物茁壮成长，麦芒逐渐丰盈。

夏至节气，是夏天最炎热的时节。夏至这天太阳直射北回归线，是北半球昼最长夜最短的一天，但过了这天，白天会一日比一日短。夏至前后，适逢小麦收割，小麦磨成面粉后可以做成面条，因而有"吃过夏至面，一天短一线"的说法。

立秋并不意味着酷暑已尽，真正的凉意要到白露节气之后。当丰收的果实堆满谷仓，冬日便拉开了序幕。立冬之后日照时间缩短，气温迅速下降，意味着万物进入休与藏，直到来年立春日的到来，新的一个四季轮回又开始啦。

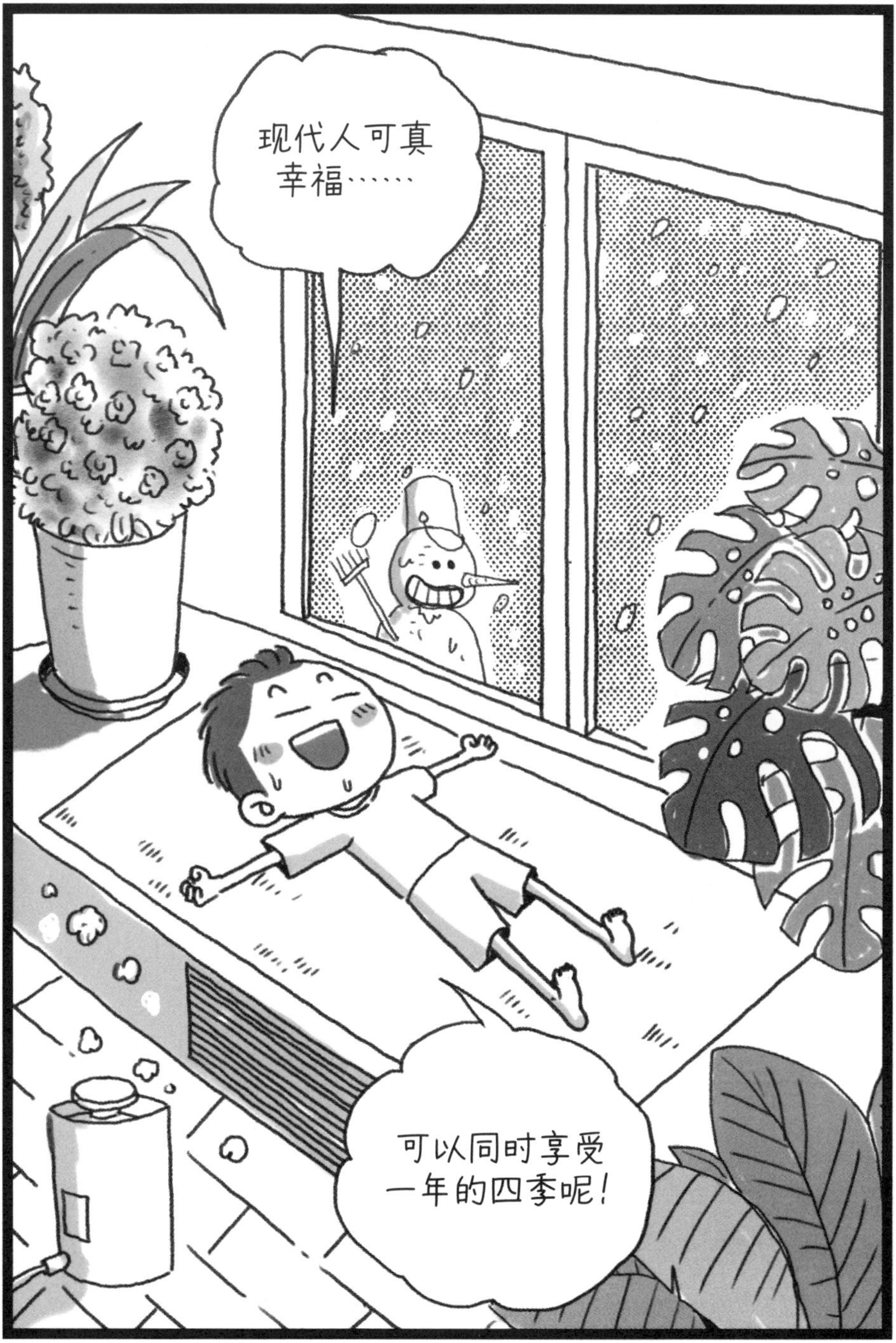
现代人可真
幸福……
可以同时享受
一年的四季呢！

54 "城市绿肺"养成记

在春光明媚的好日子，种下一棵树。

"惊蛰春分株株生"，在这万物复苏之时，我们将迎来一年一度的植树节。植树节并不是中国特有的节日，更有趣的是，通常那些森林覆盖率高的国家，植树节持续时间都会格外长，如芬兰持续一周，缅甸长达一个月。

为什么人们如此热衷于植树呢？

12世纪至18世纪，植树属于贵族行为，那时的英国贵族为了打造出绿树成荫的园艺景观而疯狂植树，茂密的植被成了彰显身份的象征。不过，现代植树与之略有不同，人们更多出于环境保护的目的，希望通过植树造林来打造人与自然和谐共生的生存家园。

以曾经的"雾都"伦敦为例，工业高速发展严重污染空气，1952年"伦敦烟雾事件"致死近万人，震惊世界。在随后半个多世纪的空气净化斗争中，以"城市之肺"海德公园为首的八大皇家公园遍布伦敦各处，不断增加的绿化率让伦敦如今摇身一变，成为名副其实的绿色花园城市。

触目惊心的先例犹在眼前，为了能自由地呼吸新鲜空气，为了保护人类共同的地球母亲，让我们挑一个春光明媚的好日子去植树吧！

109

55 时差是怎么产生的？

倒时差就是照顾好身体的生物钟。

暑假，妈妈要带你出国旅行，可你到达目的地之后，似乎"水土不服"了。当晚你在床上辗转反侧无法入眠，身体很累，头脑却无比清醒。这就是"时差"在体内作祟。

"时差"是指两个处在不同时区的国家或地区之间的时间差。这是因为地球上被太阳照射的时间不同，世界上的国家和地区按照不同的经线来划分时区。当我们从一个时区飞行到另一个时区之后，生理时钟仍然按照原来的地区在运行，无法立刻适应新的时区，就会出现让人难受的感觉。这时，你就需要倒时差了。

比如，当你从北京飞往英国伦敦，并在当地时间下午 5 点到达。你从北京出发的时间是北京时间下午 1 点，飞行了 12 个小时之后，身体本应该按照北京时间凌晨 1 点的休息模式来运行，而你此时真正体验的却是下午 5 点的阳光。

想要适应新的时区，我们需要逐步调整作息时间，使其与目的地的时间相适应。保持良好的生活习惯，如合理饮食、充足睡眠等。此外，适当的运动也可以帮助我们调整身体的生物钟，有助于身体恢复正常状态。

终于到啦！
开启度假模式！
好！准备爬山喽！
动起来！
喂，现在不是睡觉的时候吧……
呼呼……
不是都说旅游一定要倒时差的吗……
倒什么时差，一共才飞了两个多小时！
这小子就是不想运动吧……

56 关于端午节,你应该知道的事

端午节是我国流传千年的古老节日。

每年农历五月初五,是我国重要的传统节日——端午节。"端"为"开始","午"意为数字"五",因此,端午节定在农历五月的第一个"五"日,也就是五月初五。

端午节的起源与古代诗人屈原密切相关。屈原因被朝廷排挤,投入汨罗江自尽。于是,人们自发将米团投入江中,防止鱼虾对其侵扰。这一举动逐渐演变为赛龙舟和吃粽子的习俗。唐代诗人文秀写道:"节分端午自谁言,万古传闻为屈原",表明了端午节自古以来与屈原的深厚渊源。

时至今日,赛龙舟不仅用于纪念屈原,也是团结与勇气的象征,赛龙舟已成了一项热闹的传统体育赛事。粽子从最初的米团发展而来,将糯米、红枣、肉类等包裹在粽叶中煮熟,便是一道端午节的传统美食。此外,古人认为五月初五是"毒日",容易滋生疾病。为了避邪驱毒,人们会在家门口悬挂艾草、菖蒲,并给孩子佩戴香囊。这些传统习俗一直延续至今,成为端午节的重要组成部分。

作为中华民族重要的传统节日,端午节不仅承载着纪念屈原的历史记忆,也象征着人们对忠诚、爱国精神的礼赞。

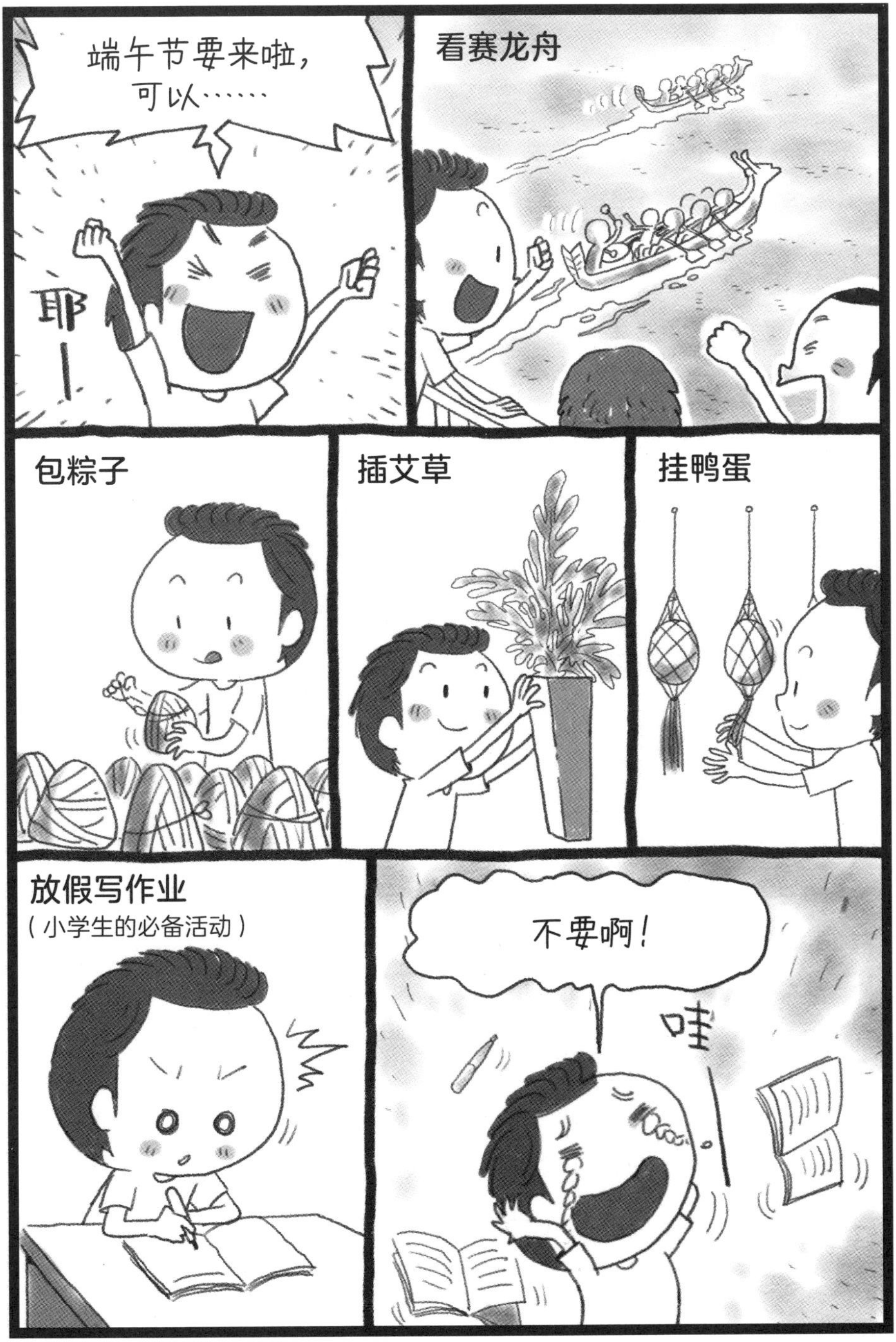
端午节要来啦，
可以……
耶
看赛龙舟
包粽子
插艾草
挂鸭蛋
放假写作业
（小学生的必备活动）
不要啊！
哇

57 大同小异的过年习俗

一切都为了"平安吉祥"。

"爆竹声中一岁除,春风送暖入屠苏。"这句诗讲的是我国最重要的节日——春节。过年的习俗是中华文化的浓缩,里面记录着无数故事,传承着源远流长的民俗风情。

全国各地一到除夕这天,围绕吉祥如意的好兆头便悉数登场。除夕夜,妈妈把一条红烧鱼端上桌,你好奇为什么过年要吃鱼。爸爸说:"这象征年年有余。"大快朵颐之后,妈妈又端上一盘藏着几枚硬币的饺子,如果谁吃到硬币,就预示着在新的一年里会交好运。而提到年夜饭,重庆人则必须吃汤圆。正在读书的吃三粒,寓意三步登科;上班族一般吃四粒,寓意四季平安。

室外活动也一样热闹丰富,比如在"冰城"哈尔滨,会举办冰灯展。伴着热闹的咚咚声,吉祥瑞物"舞狮"必会登场。舞龙象征着风调雨顺、五谷丰登,舞狮则寓意驱邪避害、祈福平安。在福建还有隆重的游神文化活动,更是氛围满满。

无论时代如何变迁,过年都是家庭团聚、走亲访友、互道祝福的好时候。过年的习俗都在温暖的氛围中传承着,节日的欢声笑语寄托着我们对来年的美好祈盼。

115

58 张灯结彩的元宵节

"圆"的寓意，是全家人团圆，和睦幸福。

俗话说"正月里都是年"。由于和春节前后只相隔半月，元宵节也延续了春节期间的热闹和欢腾。

元宵节的起源可以追溯到汉代，最初是为了庆祝丰收和祈求来年的风调雨顺。随着时间的推移，元宵节已成为一个举国同庆的节日，人们在这一天会举行各种庆祝活动，以表达对生活的热爱和对未来的憧憬。其中最重要的习俗之一就是吃元宵，元宵在南方叫"汤圆"，看起来圆圆的，吃起来糯糯的，意味着团团圆圆。

还有一个重要的传统习俗就是挂花灯、猜灯谜。猜灯谜是始于南宋的元宵节传统项目，将谜语悬于灯上，供人猜谜。每逢元宵佳节，各地都会办灯会，挂上花灯，五光十色，一片璀璨灯火，寓意日子红红火火。打出灯谜，更是喜气洋洋！

元宵节的灯火不仅照亮了夜空，也凝聚着人们对团圆与喜悦的向往，传递着节日的温暖与美好。人们在赏灯、猜谜中共享欢乐，在声声祝福中迎接新的一年。

哇，大家都提着灯笼呢！
你们看我的灯笼！
这是啥形状？好奇怪！
这是UFO！
哈哈哈，就像你见过似的！
真的！我亲眼见过的！
吹牛大王！
今天真美啊！
是啊。
健康
新年好
快乐
平安
福
财

59 书信有什么独特的意义？

有些说不出口的话，写在信中，会有更深的意蕴。

书信，作为一种古老的沟通方式，历史悠久。最早的书信可以追溯到几千年前，那时人们依靠驿站或信使将手写的信息传递给远方的亲朋好友。一封信件的送达往往需要几个月甚至更久，但这依然是当时人与人之间沟通的重要方式。书信不仅传递了信息，更承载着深厚的情谊。

随着时代发展，通信方式越来越多样化。今天，我们可以通过电话、短信、电子邮件等方式快速与远方的朋友或家人取得联系，但书信独有的情感力量依然无法被替代。书信的意义不仅在于文字的传递，更在于它所承载的那份情感的积淀与期盼。在提笔写信的过程中，人们会仔细思考每句话的表达，字斟句酌，充满诚意。相比电子信息的快速与即时，书信带来一种慢节奏的温情，让情感显得更加真挚、深沉。

此外，书信还记录着情感的沉淀与时间的流逝。信件不仅是交流的工具，还是情感的见证。当多年后再翻开那些泛黄的信纸，往日的记忆再次浮现眼前，让人分外怀念。

在现代快节奏的社会中，书信提醒我们珍视与他人之间的深厚联结。每一封信都是一座情感的桥梁，也是时光的见证。

我是路上的一个邮筒。

我最熟悉的是这个名叫小明的邮递员,他每天都来看我。

从我被安装在这里,已经接待了3468个寄信的人。

小美是所有的人里面笔友最多的。

我收到的信件中,最远的是寄到美国纽约的。

我被填满的时候是高兴的,
有人寄出问候。
我被掏空的时候也是高兴的,
有人收到关怀。

60 古人的上学时节

古人的上学时间因农耕而更加灵活。

在古代,并不是人人都有上学的机会,尤其是对于农家子弟来说,上学的机会是极其稀有的。而且,由于我国古代为农耕社会,古人上学也要兼顾务农。那古人何时去上学呢?

农家子弟最主要的上学途径有乡村义学、家塾、宗族教育、自学和拜师等家庭能够负担的方式。其中,自学和拜师的方式是历史上很多名人受教育的方式,如南宋著名教育家、理学家朱熹,以及一代名将岳飞,都是出身寒门且没有进入正规学校却取得成功的例子。

古人即便有机会入学堂,也要围绕农耕劳作展开,入学的时节也都是农闲之时。在汉朝,为了兼顾农耕,设有3种入学时间:正月农事未起、八月暑退、十一月砚冰冻时。也就是说,上学时间在春季农事尚未开始、秋季炎热时节已过时,以及大地冰封的冬季。到了南北朝时期,冬季的农闲时逐渐成了主要的入学时段,有些学校只在冬天开课。到了唐代,官学的学生在农历五月有15天田假,为了让学生回家帮助耕种、收割等。

可见,古代农家子弟一边上学还要一边兼顾家庭的农务,这要比我们现在更加辛苦与不易,古人的勤奋和吃苦耐劳的精神,值得我们现代人学习和继承。

好羡慕过去的人，
不用上课、学习，
只是画画、玩耍、
打猎，就好了！
是啊，而且
那个时候的人
也没有华丽的衣服穿。
病了
不方便医治。
因为没有电，
没有电视看，
天黑就只能睡觉。
还要时刻
想着耕田。
这样看来，
虽然学习
很辛苦，
但时代却
进步了
很多！
呵呵……
是啊……

61 古人怎么消遣？

古人的生活，慢而雅致。

古人的世界里没有电，没有电视和网络，是不是就没有像现代人这样丰富多彩的休闲生活？当然不是，古人的生活照样趣味十足。

诗词歌赋无疑是古人最重要的消遣方式之一。而且，为了让吟诗更具仪式感，曲水流觞这种吟诗游戏诞生了。宾客坐于环形渠水两旁，在上游的水上放一只盛满酒的杯子，利用水的推力让酒杯顺水而下，酒杯停在谁面前，谁就举杯并即兴赋诗。这展示了古代文人雅士的才情与风雅。

品茶是古人的雅事。文人雅士在茶馆中品茗畅谈，以茶待客，焚香论道。茶香氤氲，让人感受到静谧与清雅。

编织和刺绣是女性的消遣方式。女子们在灯下绣花织布，一针一线间绣出花鸟鱼虫、山水风景。她们的手法灵巧，心思细腻，这既是日常劳动，也是艺术享受。

每当春季来临，古人不忘寻春踏青，流连于明媚的春光。李白的诗句"开琼筵以坐花，飞羽觞而醉月"，就是写他和友人在桃花盛开时节于树下宴饮的场面。

可见，古人这些丰富多样的消遣方式，慢而雅致，给我们留下了无数宝贵的文化遗产。

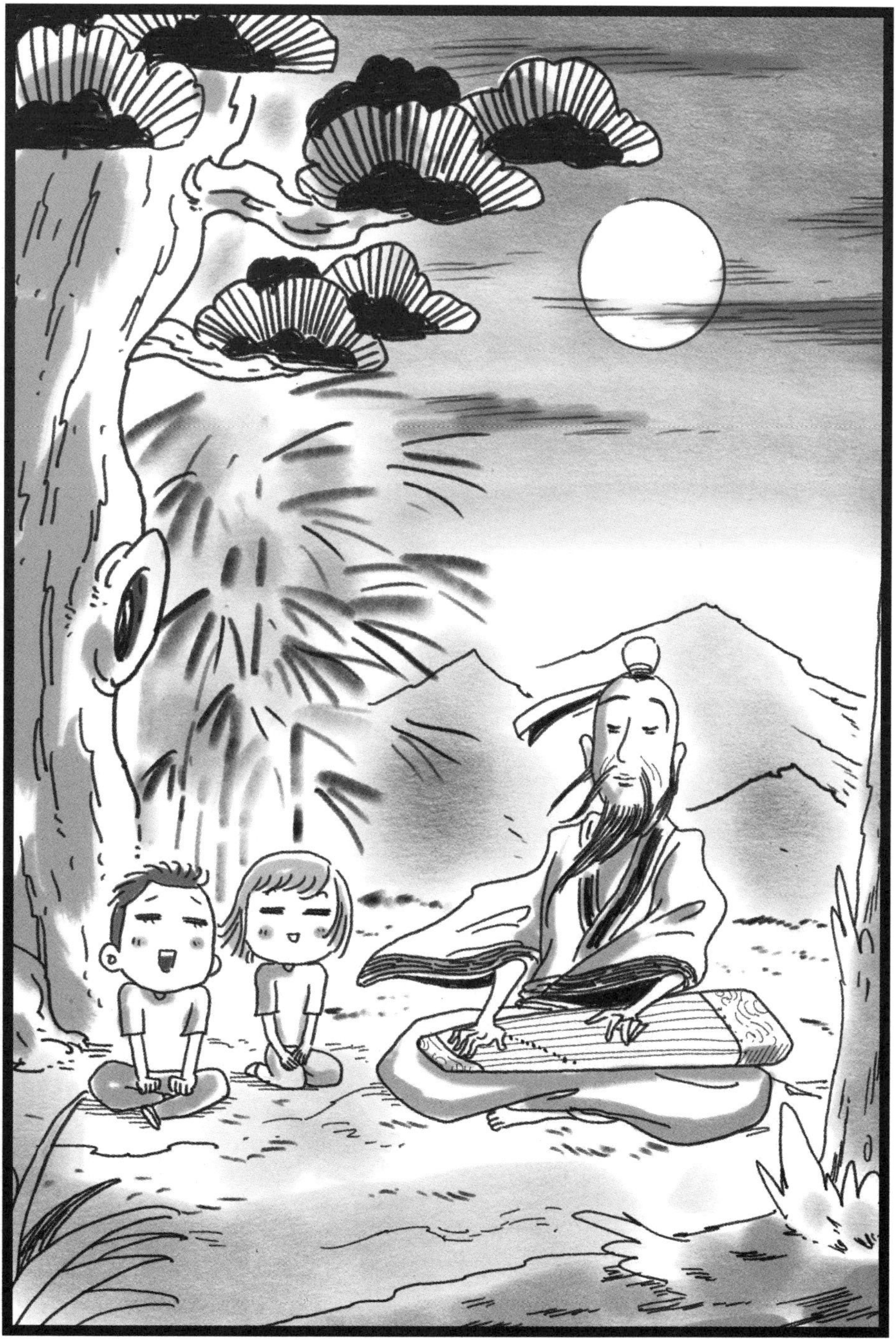

62 让蔬菜"延长待机"的小妙招

"站"着存放的蔬菜更"长寿"。

蔬菜富含膳食纤维，是我们饭桌上必不可少的食材。然而，一些绿叶蔬菜不宜久放，如何正确存储，这里面可是有大学问。

冰箱是保鲜的好帮手，但有些蔬菜其实不适合放进冰箱。如根茎类的蔬菜——胡萝卜、藕、土豆等不适合冷藏，放在阴凉、干燥处就好。因为它们的糖分较多，表皮坚硬厚实，有自身的保水功能，放进冰箱反而更容易腐坏或发芽。

绿叶菜虽然适合放进冰箱，但如果平放在冰箱里，很快就会变黄，叶子湿烂。那要怎么办呢？此时我们可以先将纸巾打湿，将蔬菜包起来，然后再以直立、茎部朝下的姿势将包好的蔬菜放入冰箱保鲜层，这样处理后的蔬菜就可以保存3天左右了。

这样做是因为蔬菜在被采摘后虽然离开了赖以生存的自然生长环境，但根茎依然处在光照等环境条件下，蔬菜内的细胞仍在继续生长，将它竖着放置，叶绿素、含水量都要比水平放置保存得更好，保存时间也因此而延长。同时，将蔬菜竖着放，营养流失也相对较少。

不过，即使掌握了再厉害的储存方式，我们还是应尽量多食用新鲜的蔬菜。因为新鲜的食物才更有营养，利于健康。

哇，还是躺着舒服啊！
咚
别躺着！
老是躺着很快就会死掉！你懂不懂？
呜
我知道啦，以后我会把蔬菜竖着放的。
咦？他今天怎么没窝在沙发上？
还站得这么笔直……

63 为什么有的果子结在树上，有的长在地里？

一切都是遵循自然规律生长的结果。

每逢过节，家里摆满了各种水果。你拿起一个苹果一大口咬下去，爽口香甜。这么好吃的水果到底是结在树上，还是长在地上的呢？

首先，从植物的进化与生态适应性来看，树木和乔木类植物在高处结果。例如，苹果树和橘子树等高大的乔木，果实结在树上。树木可以通过高处的阳光和流通的空气进行光合作用，而且果实不会被地面上的害虫侵蚀或动物取食。而草本和藤本植物，不需要发展粗壮的主干，而是利用灵活的藤蔓扩展生长范围。藤蔓贴近地面可有效地吸收水分和养分，生长速度较快，如西瓜、甜瓜和草莓等。

其次，植物的繁殖方式也影响水果的生长位置。树上的水果具有鲜艳的颜色和甜美的味道，可以吸引鸟类或飞虫来取食，在食用之后，通过排泄物将种子散播到更远的地方，促进植物的繁殖。而地上生长的水果，如西瓜和草莓，通过地面动物的活动来帮助传播种子，或者果实熟透后自然裂开，释放种子。

无论是结在树上还是长在地上的果实，都是植物为了适应环境和生存而演化出的结果方式。它们各有特点，共同构成了我们丰富多彩的自然世界。

哈哈哈……
哈哈哈……
哈哈哈……
你太搞笑了！哈哈哈！
简直就是开心果！
再考考你们，知道开心果长在哪里吗？
长在地上？
应该是树上吧？
猜不出来……
都不对，是长在你们的心里！
这个不搞笑啦！
好油腻啊……
太土了吧……
呃

64 植物也会"运动"吗?

不仅猫会跑、狗会跳,植物也会"运动"。

如果观察过植物,你就会发现,向日葵会随着太阳的移动而变换自己的姿态;合欢树的叶子一见到阳光就舒展开来,而到了傍晚太阳下山,它们会逐渐闭合起来。而且,阳台上的绿植叶子总是全都朝向阳光生长。没想到,猫会跑、狗会跳,人的生命在于运动,就连植物居然也会动。

植物的花和叶子之所以会"运动",是因为受到自然界外在环境的影响,植物的生长器官受到单方向光照时会引起生长弯曲,植物学上称其为"向光性运动"。植物的"运动"也和自身生长素有关。由于太阳光照射的影响,植物的生长素分布并不均匀。背光面的生长素浓度高,植物的生长速度就快;而向光的那一面生长素浓度较低,生长速度也会慢一些。长此以往,植物的身体就会弯向光源的方向。

植物的运动不仅是一种生理现象,更是它们适应环境变化的生存策略。通过"运动",植物能够更好地捕捉阳光、水分和养分,从而在竞争激烈的自然环境中生存下来。

所以,当你看到那些静静生长的植物时,就能明白,其实它们也在以自己的方式,悄悄地"运动"着。这就是植物的生存智慧啦!

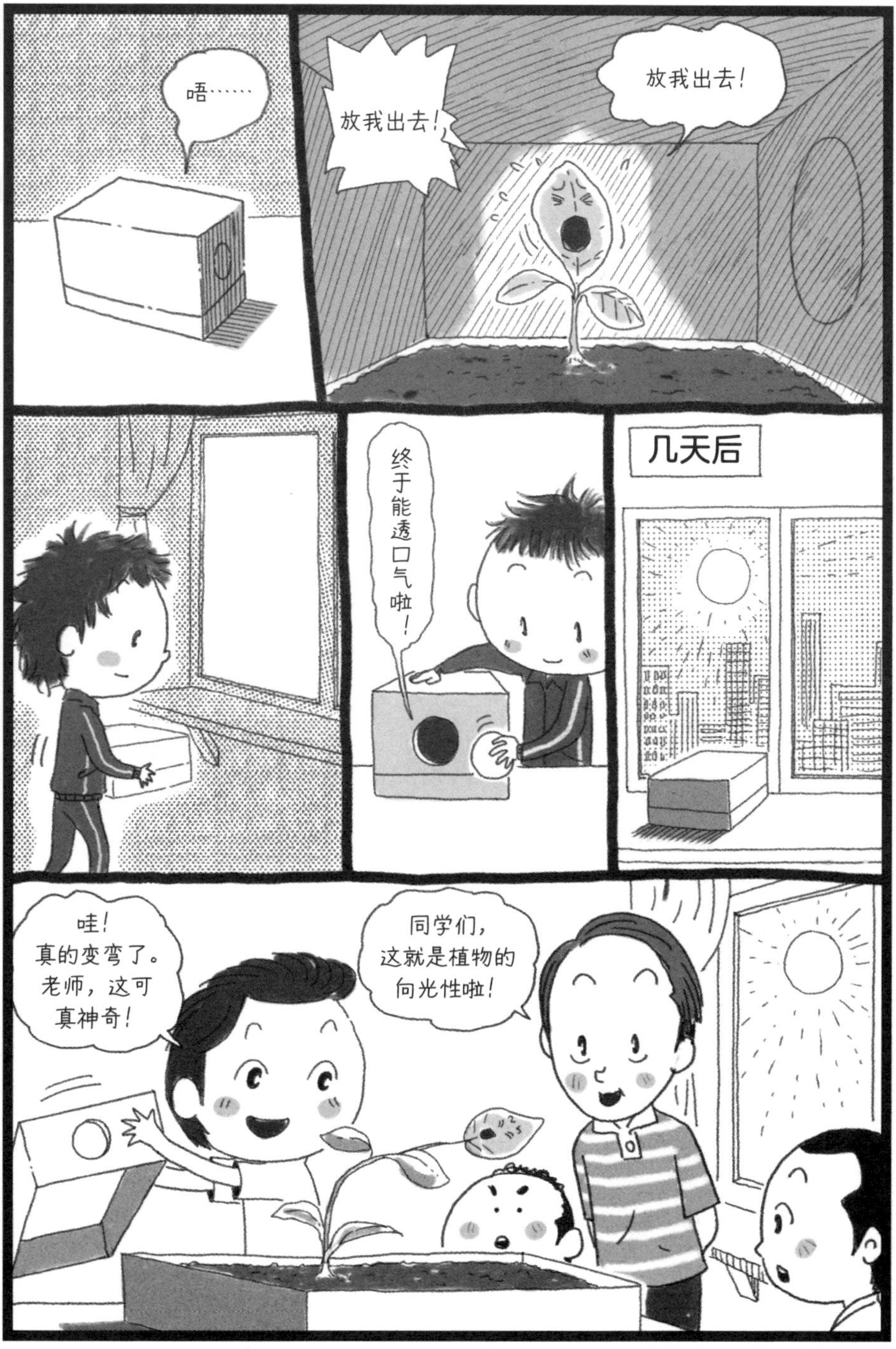

唔……
放我出去!
放我出去!
终于能透口气啦!
几天后
哇!真的变弯了。老师，这可真神奇!
同学们，这就是植物的向光性啦!

65 亲人的离世，意味着什么？

死亡不是生命的终点，遗忘才是。

突然收到家中亲人去世的消息，你错愕不已，悲伤的情绪久久不能平静。死亡意味着最长久的离别，那亲人的离世到底意味着什么？

生命本是一个伴随着变化的过程，任何有生命的物体，都会因生长而变化，直到最终的消亡。如果说人生是一段旅程，那死亡就是旅程的最后一站。那个你爱的家人搭乘生命列车的旅途到站了。那个你熟悉的声音再也不会响起了，你们有过的约定再也不会兑现了……这一连串"再也不会"让你的心揪得更紧了，悲伤的情绪会久久地笼罩在心里。

世界上不同民族、地域、文化的人都对死后的世界有各种各样的猜想。有人说死后的亲人去了天堂，他们会成为天使；有人说死后的亲人飘在空中，等待生命的下一次轮回；还有人说人在死后会幻化成自然中的水和空气，以另一种形式存在这个世上。众说纷纭，无论你选择相信哪一种，都代表你对亲人的思念和美好的想象。

其实，不论亲人去了哪里，只要你还好好地怀揣与亲人的回忆，适时地想起、悼念，那他们都不算真正的离去。死亡不是生命的终点，遗忘才是。

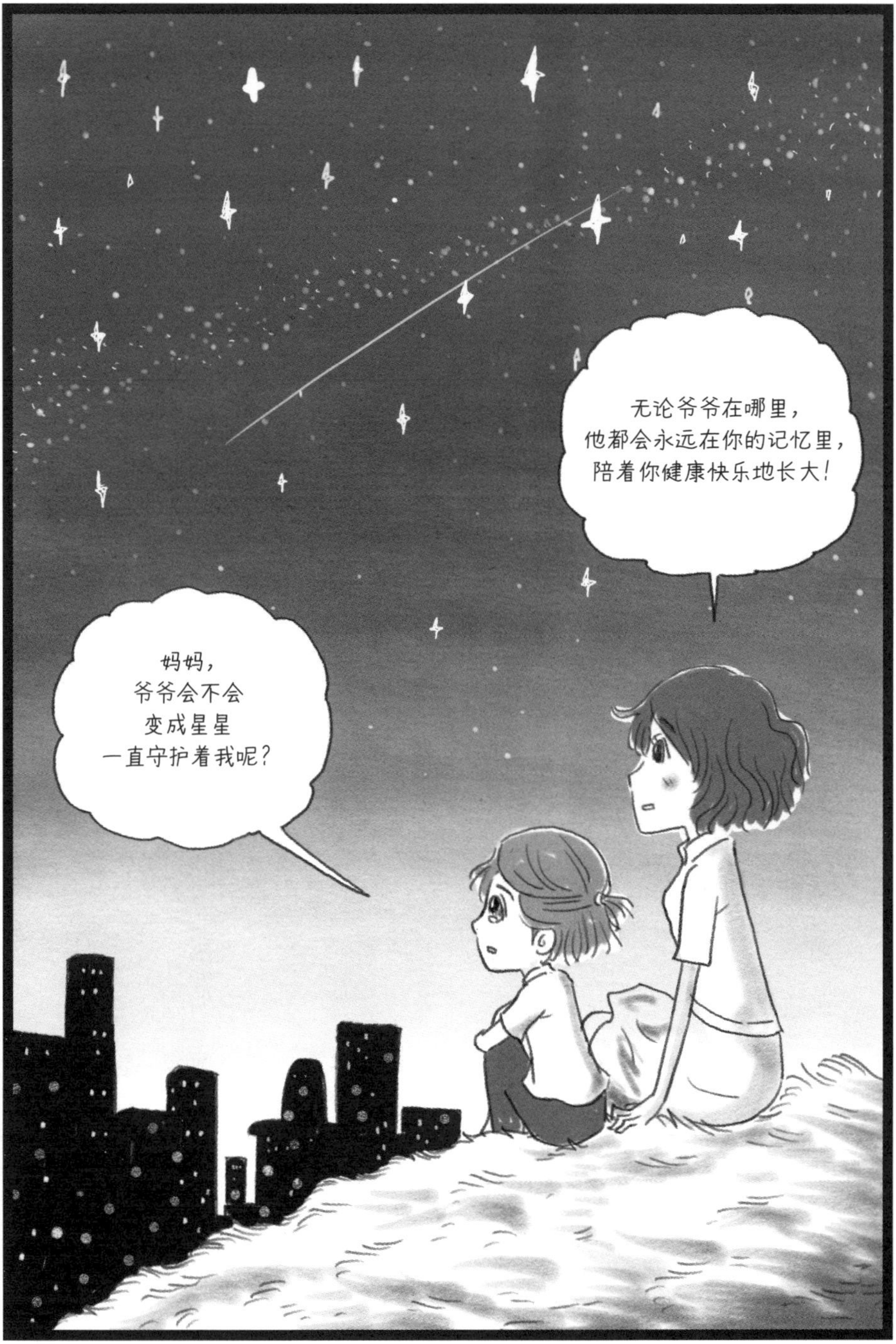
妈妈，
爷爷会不会
变成星星
一直守护着我呢？
无论爷爷在哪里，
他都会永远在你的记忆里，
陪着你健康快乐地长大！

66 国家的硬实力与软实力

看得见的实力与看不见的实力，共同铸就强大的国家。

我们知道，电脑正常的工作离不开看得见、摸得到的硬件和只能用、摸不着的软件两方面，硬件和软件共同发挥作用才能实现电脑的各种强大功能。其实国家也一样，也需要硬实力与软实力共同发挥作用。那么，什么是硬实力和软实力呢？

我们先来说硬实力。硬实力就是看得见的东西，是指一个国家在军事、经济、科技等方面的能力和资源。比如，一个国家有强大的军队、先进的科技、丰富的资源，这些都是硬实力。当你看到国家各方面的繁荣富强，由衷地感到自豪，那就是国家硬实力的体现。

一个国家的软实力，是指一个国家通过文化、价值观念、外交政策、国际形象等方式所展示出来的外交吸引力和国际影响力。比如，一个国家有着悠久的历史、丰富的文化、友好的外交关系，这些都是软实力。想象一下，提到自己的国家，首先想到的就是五千年的灿烂文明、温文尔雅的东方儒士，这些都是国家的软实力的体现。

硬实力和软实力相辅相成，共同决定了一个国家在国际上的地位和影响力。我们要努力做个有用的人，无论在哪方面，都为国家实力添上一份自己的力量！

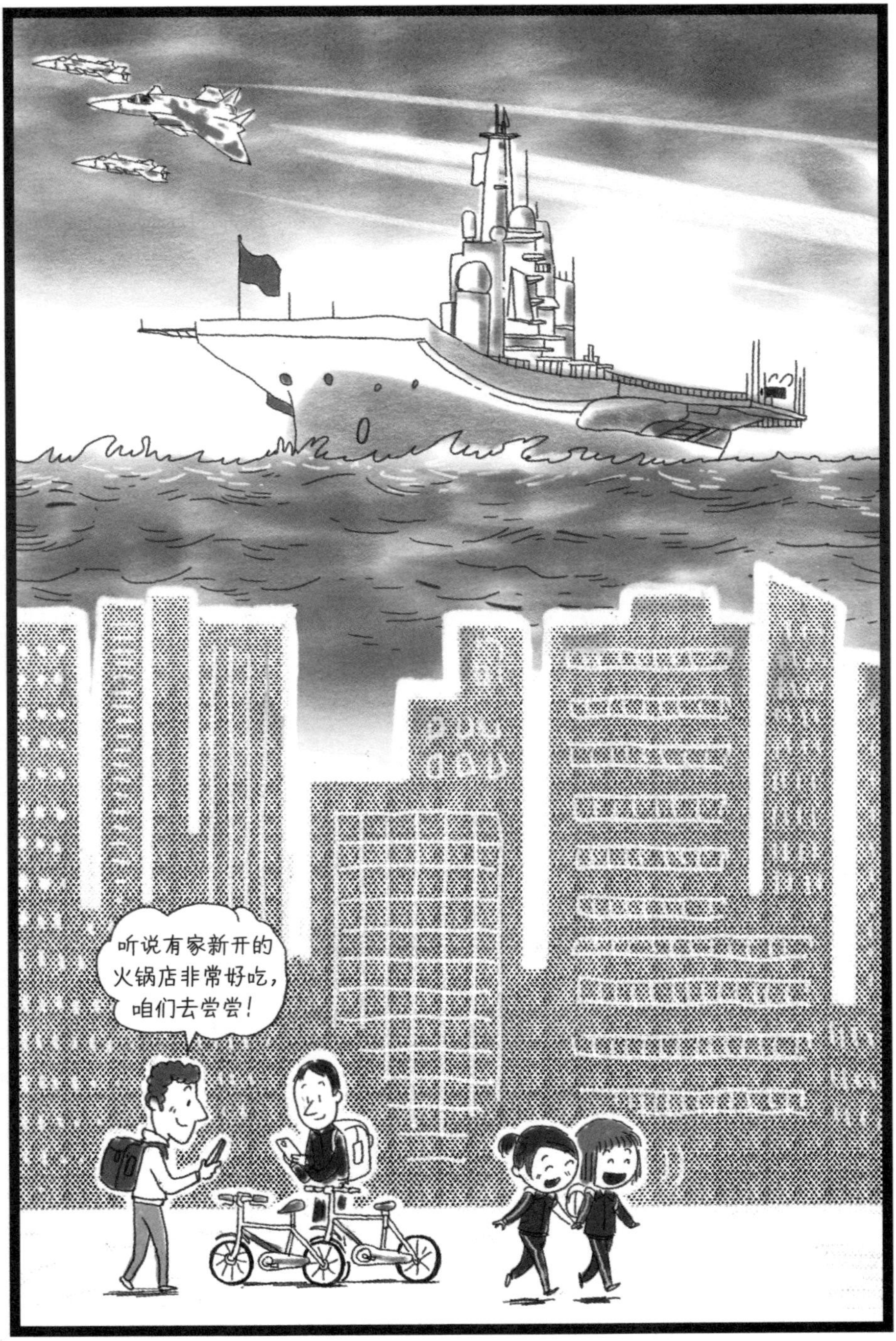
听说有家新开的火锅店非常好吃，咱们去尝尝！

图书在版编目（CIP）数据

我的世界说明书 / 三五锄教育著；侯志绘. -- 昆明：晨光出版社，2024.9
（在我长大之前）
ISBN 978-7-5715-1913-1

Ⅰ.①我… Ⅱ.①三… ②侯… Ⅲ.①生活教育-小学-教学参考资料 Ⅳ.① G621

中国国家版本馆 CIP 数据核字 (2023) 第 056043 号

在我长大之前

我的世界说明书

三五锄教育——著　侯志——绘

出 版 人	杨旭恒
项目策划	禹田文化
责任编辑	李　洁
项目编辑	郭丽君
营销编辑	赵　莎
美术编辑	沈秋阳
装帧设计	沈秋阳
内文排版	史明明
责任印制	盛　杰
出　　版	晨光出版社
地　　址	昆明市环城西路 609 号新闻出版大楼
邮　　编	650034
发行电话	（010）88356856　88356858
印　　刷	小森印刷霸州有限公司
经　　销	各地新华书店
版　　次	2024 年 9 月第 1 版
印　　次	2024 年 9 月第 1 次印刷
开　　本	145mm×210mm　32 开
印　　张	4.5
ISBN	978-7-5715-1913-1
字　　数	86 千
定　　价	29.00 元

退换声明：若有印刷质量问题，请及时和销售部门（010-88356856）联系退换。